# CATALOGUE

DE LA

# BIBLIOTHÈQUE CHOISIE

DE

## L'ŒUVRE DE SAINT-MICHEL

A DIJON

RUE DU VIEUX COLLÈGE, 19

ET RUE CHANCELIER - L'HÔPITAL, 13

DIJON

IMPRIMERIE DE L'UNION TYPOGRAPHIQUE

40, rue Saint-Philibert, 40

—

1894

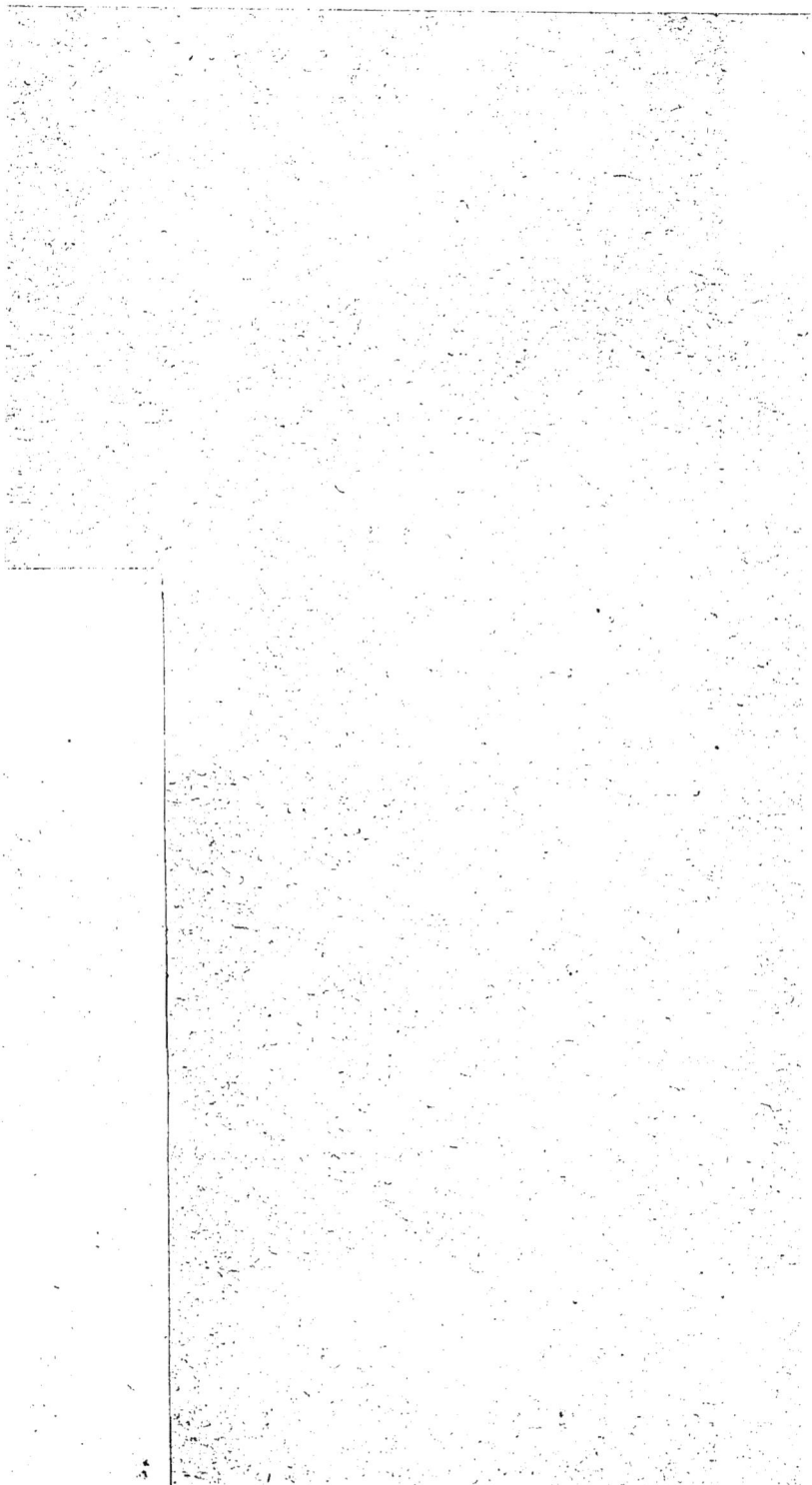

# CATALOGUE

DE LA

# BIBLIOTHÈQUE CHOISIE

DE

## L'ŒUVRE DE SAINT-MICHEL

A DIJON

RUE DU VIEUX COLLÈGE, 19

ET RUE CHANCELIER - L'HÔPITAL, 13

## DIJON

IMPRIMERIE DE L'UNION TYPOGRAPHIQUE

40, rue Saint-Philibert, 40

—

1894

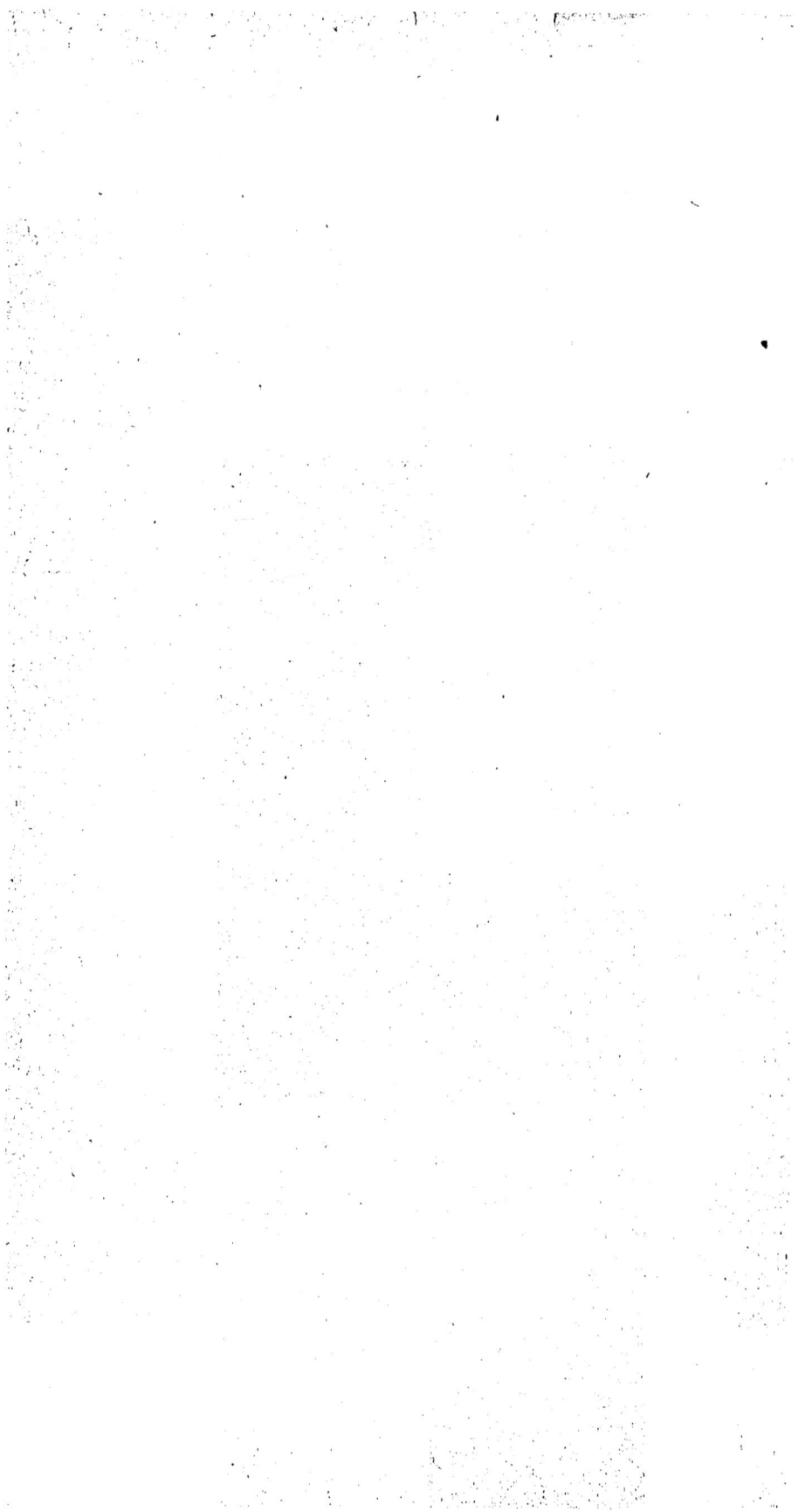

# BIBLIOTHÈQUE

## DE SAINT-MICHEL

Le but de cette Œuvre, établie à la maison Pérard, rue du Vieux Collège, 19, est de propager le goût des fortes et saines lectures, en offrant aux personnes qui voudront en faire partie les ressources d'une bibliothèque choisie.

Cette bibliothèque comprend les meilleurs ouvrages de Religion, de Philosophie, de Polémique, d'Histoire, de Littérature, de Sciences, de relations de Voyages, ainsi que les principales publications périodiques de la presse catholique.

On n'a pas cru cependant devoir exclure d'une manière absolue les livres désignés ordinairement sous le nom de Romans honnêtes ; on a pensé qu'ils seraient pour quelques personnes une agréable distraction, et qu'ils pourraient en détourner d'autres de ces lectures pernicieuses que la morale et la religion réprouvent sévèrement.

Les livres sérieux et utiles sont ceux que nous conseillons de choisir : ce sont les seuls que l'Œuvre désire répandre ; elle en augmentera le nombre chaque année.

Les bibliothécaires se mettent à la disposition des mères de famille pour leur fournir des renseignements sur les ouvrages qui peuvent être mis entre les mains de tout le monde.

# RÈGLEMENT

1. — La bibliothèque est ouverte deux fois par semaine, le mardi et le vendredi, de une heure à quatre heures; du 1er août au 1er novembre, le vendredi seulement.

2. — La souscription de 5 fr. par an donne droit à deux volumes par semaine; celle de 10 fr. et au-dessus à quatre volumes à la fois.

3. — Il est délivré à chaque souscripteur une carte portant son nom et la date de l'abonnement. CETTE CARTE EST PERSONNELLE.

4. — On ne doit pas garder les livres plus d'un mois; ce temps écoulé, ils sont réclamés. On peut cependant obtenir de les garder un mois de plus, si toutefois ils n'ont pas été promis à d'autres lecteurs.

5. — On répond des livres pris à la bibliothèque; on est tenu de payer un ouvrage perdu ou notablement détérioré. Si l'ouvrage a plusieurs volumes, la personne responsable doit le payer en entier et peut réclamer les autres volumes.

6. — Les livres doivent être rapportés les jours où la bibliothèque est ouverte; si, par tolérance pour les personnes habitant la campagne, on permet de les déposer chez la concierge; ils devront être enveloppés et porter le nom de l'abonné.

7. — On prie les souscripteurs qui font demander des livres par une tierce personne, d'envoyer leur carte d'abonnement avec une liste des ouvrages demandés.

8. — Les journaux, revues et brochures ne peuvent être gardés que du mardi au vendredi, ou du vendredi au mardi, et doivent être rapportés à 1 heure pour l'ouverture de la bibliothèque.

9. Le produit des souscriptions et des dons est consacré à l'entretien de la bibliothèque, et à la diffusion gratuite de la bonne presse dans les villes et dans les campagnes.

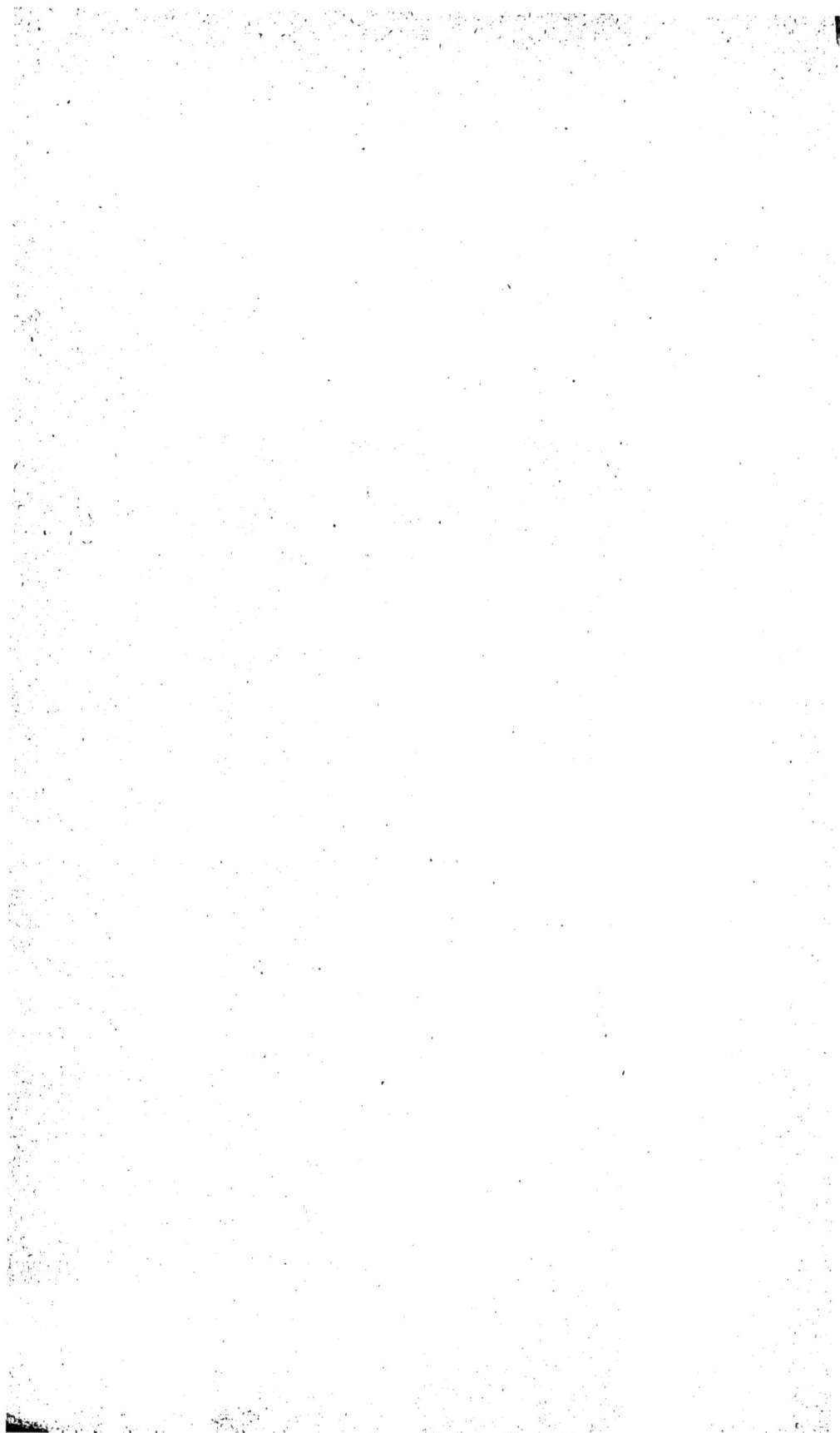

# I. — RELIGION

1

| | |
|---|---|
| **Camus** (Abbé Le) . . . | La Vie de N. S. Jésus-Christ, 2 vol. |
| — | La théologie populaire de N. S. Jésus-Christ. |
| **Dupanloup** (Mgr). . . | Histoire de N. S. Jésus-Christ. |
| **Lémann** (Abbés Aug.et Jos.) | Valeur de l'assemblée qui a condamné Notre-Seigneur. |
| **Lesêtre** (Abbé) . . . . | Notre-Seigneur Jésus-Christ dans son saint Evangile. |
| **Ludolphe le Chartreux** (O. Carth.) | Vie de Notre-Seigneur Jésus-Christ, 2 vol. |
| **Pauvert** (Abbé). . . . | La vie de Notre-Seigneur Jésus-Christ, 2 vol. |
| **Tamisey** (Abbé). . . . | Histoire de N.-S. Jésus-Christ ou Concordance évangélique. |
| **Veuillot** (Louis). . . . | La vie de Notre-Seigneur Jésus-Christ. |
| **Henri** (Abbé). . . . . . | Histoire du saint roi David. |
| **Gaume** (Mgr). . . . . . | Biographies évangéliques, 2 vol. |
| — | Histoire du bon Larron, dédiée au XIXe siècle. |
| **Baunard** (Mgr) . . . . | L'apôtre saint Jean. |
| **Fouard** (Abbé). . . . . | Saint Pierre. |
| — | Saint Paul et ses missions. |
| **Vincent**. . . . . . . . . | Histoire de saint Pierre. |
| **Trognon** . . . . . . . . | Saint Paul, étude historique. |
| — | Histoire de saint Paul. |

## 2. — PRÉDICATION.

| | |
|---|---|
| **Bonald** (de). . . . . . | Œuvres, 3 vol. |
| **Bossuet**. . . . . . . . | Œuvres complètes, 3 vol. |
| — | Oraisons funèbres et panégyriques. |

**Bougaud** (Mgr) . . . .    Discours.
**Bourdaloue** (P.) s. j.    Œuvres complètes.
     —      Avent.
     —      Carême, 3 vol.
     —      Dominicales, 3 vol.
     —      Exhortations, 2 vol.
     —      Mystères, 2 vol.
     —      Panégyriques, 2 vol.
     —      Pensées, 2 vol.
     —      Retraite.
**Félix** (P.) s. j. . . . .    Le progrès par le christianisme.
          (Conférences) 16 vol.
     —      La Destinée.
     —      La Prévarication.
     —      Le Châtiment.
     —      L'Éternité.
     —      La Confession.
     —      Les Passions.
     —      Le prodigue et les prodigues.
**Fénelon** . . . . . . . .    Œuvres complètes.
**Frayssinous** (Mgr) . .    Défense du christianisme, 2 vol.
**Freppel** (Mgr) . . . . .    Œuvres oratoires, 3 vol.
**Hulst** (Mgr d'). . . . .    Conférences de Notre-Dame.
          4 vol.
**Lacordaire** (P.) O. P.    Conférences de Notre-Dame, 4 vol.
     —      Conférences de Toulouse.
     —      Notices, panégyriques.
     —      Sermons, instructions et allocu-
          tions, 3 vol.
**Lémann**(Abbé Joseph).    Les nations frémissantes.
**Massillon** . . . . . . .    Œuvres complètes.
     —      Petit carême
     —      Carême, 5 vol.
     —      Mystères.
     —      Oraisons funèbres.
     —      Panégyriques.
     —      **Conférences.**

| | |
|---|---|
| **Monsabré** (P.) O. P. | Radicalisme contre radicalisme. |
| — | Conférences et retraites de Notre-Dame de Paris, 24 vol. |
| **Perreyve** (Abbé). . . . | Sermons. |
| — | Une station à la Sorbonne. |
| — | Etudes historiques. |
| — | Entretiens sur l'Eglise catholique, 2 vol. |
| — | Biographies et panégyriques. |
| **Pie IX** (Sa S<sup>té</sup>). . . . . | Discours, édités par de Franciscis, 3 vol. |
| **Pie** (C<sup>al</sup>) . . . . . . . | Œuvres complètes, 7 vol. |
| — | Œuvres sacerdotales, 2 vol. |
| — | Instructions synodales sur les principales erreurs des temps présents. |
| **Ravignan** (P. de) s. j. | Conférences, 4 vol. |

## 3. — Défense de la foi chrétienne.

| | |
|---|---|
| **Boylesve** (P. de) s. j. . | Arsenal. |
| **Droz** (Joseph) . . . . . | Pensées sur le christianisme. |
| **Duilhé de Saint-Projet** (abbé) . . . . | Apologie scientifique de la foi. |
| **Freppel** (Mgr) . . . . . | Les premiers apologistes chrétiens, 9 vol. |
| **Ségur** (Mgr de) . . . . | Réponses aux objections les plus répandues contre la religion. |
| **Lefebvre** (P.) s. j. . . | De la folie en matière de religion. |
| **Poujoulat** . . . . . . . | Les folies de ce temps en matière de religion. |
| **Bougaud** (Mgr) . | Le christianisme et les temps présents, 5 vol. |

| | |
|---|---|
| **Baunard** (Mgr) . . . . | Espérance. |
| **Cognat** (Abbé) . . . . | Renan hier et aujourd'hui. |
| **James** (D' Constantin) | Moïse et Darwin, ou l'homme de la Genèse comparé à l'homme singe. |
| **Bautain** (Abbé) . . . · | Les choses de l'autre vie. |
| **Lescœur** (P.) de l'Orat. | La vie future. |
| **Alimonda** (Cᵃˡ). . . . . | De l'aube au coucher du soleil. |
| **Argentan** (P. d') O. S. | Les grandeurs de Dieu, 2 vol. |
| **Gratry** (P.) de l'Orat. | De la connaissance de Dieu, 2 vol. |
| **Margerie** (Amédée de). | Théodicée, 2 vol. |
| **Didon** (P.) O. P. . . . | La foi en la divinité de Jésus-Christ. |
| **Fava** (Mgr) . . . . . . | Jésus-Christ, roi éternel, 2 vol. |
| **Félix** (P.) S. J. . . . . | Divinité de N.-S. Conférences de 1864. |
| **Lacordaire** (P.) O. P. | Divinité de N.-S. Conférences, de 1846, 2 vol. |
| **Ravignan** (P. de) s. j. | Divinité de N.-S. (Conférences) 2 vol. |
| **Matignon** (P.) s. j. . | La liberté de l'esprit humain dans la foi. |
| **Moigno** (Abbé). . . . . | Les splendeurs de la foi, 4 vol. |
| — | Le retour à la foi par ses splendeurs. |
| **Nicolas** (Auguste). . . | L'art de croire, 2 vol. |
| — | La raison et l'Evangile. |
| — | Etudes philosophiques sur le christianisme, 4 vol. |
| **Félix** (P.) s. j. . . . . | La raison et la foi. (Conférences de 1862). |

## 4. — DÉFENSE DE LA FOI CATHOLIQUE.

| | |
|---|---|
| **Alter** . . . . . . . . . | Les catacombes de Rome et la doctrine catholique. |
| **Balmès.** . . . . . . . . | Le protestantisme comparé au catholicisme 3, vol. |
| **Bottalla** (P.) s. J. . . | De la souveraine et infaillible autorité du Pape dans l'Eglise, 2 vol. |
| **Belcastel** (de) . . . . . | Ce que garde le Vatican. |
| **Constant** (P.) O. P. . . | Le Pape et la Liberté. |
| **Deschamps** (Card.). . | Pie IX et les erreurs contemporaines. |
| **Gagarin** (P.) s. J. . . | Conversion d'une dame russe. |
| **Gassiat** . . . . . . . . | Rome vengée. |
| **Gorini** (Abbé) . . . . . | Défense de l'Eglise, 4 vol. |
| **Gournerie** (Eug. de la) | Rome chrétienne, 3 vol. |
| **Hahn-Hahn** (C<sup>sse</sup> Ida). | De Babylone à Jérusalem. |
| **Lachaud** (Abbé) . . . . | La civilisation ou les bienfaits de l'Eglise, 2 vol. |
| **Madaune** (de) . . . . . | Ignace Spencer et la renaissance du catholicisme en Angleterre. |
| **Mahon** . . . . . . . . . | L'Eglise et la Réforme. |
| **Maistre** (Joseph de). . | Du Pape. |
| **Mathieu** (C<sup>al</sup>) . . . . . | Le pouvoir temporel des Papes. |
| **Philpin** (P.) de l'Orat. | Piété envers l'Eglise. |
| . . . . . . . . . . . . . | Le Protestantisme et les temps modernes. |
| **Schouvaloff** . . . . . . | Ma conversion et ma vocation. |
| **Ségur** (Mgr de). . . . | Causeries sur le protestantisme d'aujourd'hui. |
| — | Le Souverain Pontife. |
| — | Le dogme de l'infaillibilité. |
| **Postel** (Mgr) . . . . . . | La divinité de l'Eglise manifestée par sa charité, 2 vol. |

| | |
|---|---|
| **Rohrbacher** (Abbé). . | Motifs qui ont ramené à l'Eglise catholique un grand nombre de protestants. |
| **Veuillot** (Louis) . . . . | Le parfum de Rome, 2 vol. |

## 5. — CATÉCHISME.

| | |
|---|---|
| **Barthe** et **Fabre** (Abbés). . . . . . . . | Catéchisme du catéchiste. 2 vol. |
| **Bernard** (Abbé) . . . . | La religion toujours la même, 2 vol. |
| **Bertrand** (Abbé) . . . | Catéchisme des petits et des grands, 6 vol. |
| **Bossuet** . . . . . . . . | Catéchismes du diocèse de Meaux : 1°. Catéchisme ou abrégé ; 2˙ Catéchisme, ou instruction chrétienne développée. Œuvres complètes, T. VIIIᵉ. |
| **Cappliez** (Abbé). . ᶜ. . | La manière d'apprendre et d'expliquer la prière aux enfants du Catéchisme. |
| **Cauly** (Mgr) . . . . . . | Cours d'instruction religieuse, 4 vol. |
| **Clercq** (Abbé Le) . . . | Théologie du catéchiste, 2 vol |
| **Couturier** (Abbé) . . . | Catéchisme dogmatique et moral, 4 vol |
| — | Explication de la Doctrine chrétienne, 2 vol. |
| **Dupanloup** (Mgr) . . . | Méthode générale de Catéchisme, 3 vol. |
| — | L'Œuvre par excellence. |
| **Freppel** (Mgr) . . . . . | Cours d'instruction religieuse. (Conférences à la jeunesse des écoles,) 2 vol. |
| **Gaume** (Mgr) . . . . . | Catéchisme de persévérance, 5 vol. |

| | |
|---|---|
| **Gaume** (Mgr) . . . . . | Traité du Sᵗ-Esprit, 2 vol. |
| — | L'eau bénite au XIXᵉ siècle. |
| — | Le signe de la croix au XIXᵉ siècle. |
| **Gaulle** (de). . . . . . . | Les fêtes chrétiennes. |
| **Girodon** (P.) O. P. . . | Exposé de la doctrine catholique, 2 vol. |
| **Guillois** (Mgr). . . . . | Explication du catéchisme, 4 vol. |
| **Joséfa**(Marie-Thérèse) | Les jeudis de mes filleuls ou l'Histoire sainte racontée aux enfants. |
| **Lhomond**. . . . . . . . | Doctrine chrétienne. |
| **Marc** (Abbé) . . . . . . | Le ciel ou le bonheur des saints dans le paradis. |
| **Moussard** (Abbé). . . | Conférences historiques, dogmatiques, morales et liturgiques, 3 vol. |
| **Marotte** (Abbé) . . . . | Cours complet d'instruction chrétienne |
| **Mullois** (Abbé). . . . . | Doctrine chrétienne. |
| **Nampon** (P,) s. J. . . | Etude de la doctrine chrétienne d'après le concile de Trente, 2 vol. |
| **Noël** . . . . . . . . . . | Nouvelle explication du catéchisme de Rodez, 6 vol. |
| **Ponssin** (Abbé) . . . . | Catéchisme tout en histoires, 4 vol. |
| **Schouppe** (P.) s. J. . . | Instruction religieuse en exemples, 3 vol. |
| — | Petite explication du Catéchisme. |
| **Walsh** (Vᵗᵉ). . . . . . . | Tableau poétique des Sacrements, 2 vol. |
| — | Tableau poétique des fêtes chrétiennes. |
| **Nisard** (Auguste) . . . | La maison et l'église. (Tableau des fêtes chrétiennes). |
| — | L'Eternité des maudits. |
| **Cochem** (P. de) . . . . | La Sainte Messe. |
| **Ségur** (Mgr) . . . . . . | La Messe. |
| **Tremblay** . . . . . . . | Ce que c'est que la Messe. |
| **Vaughan** (Mgr) . . . . | Le saint sacrifice de la Messe. traduit par le P. Doyotte, S. J. |

# II. — ASCÉTISME

## I. — ÉCRITS DES SAINTS.

| | |
|---|---|
| **Alphonse** (St) de Liguori. | Les gloires de Marie, 2 vol. |
| **Bernard** (St) . . . . . | Œuvres complètes. |
| — | Lettres. |
| — | Traités ascétiques. |
| — | Sermons ,opuscules, 2 vol. |
| . . . . . . . . . . . . | Enseignements de S$^t$ Bernard. |
| **Bonaventure** (St) . . . | Légendes de S$^t$ François d'Assise. |
| — | Méditations de la vie du Christ. |
| **Blois** (V$^{able}$ Louis de) | Un rayon de miel. |
| **Chantal** (Ste Jeanne de) | Sainte Jeanne Françoise Frémiot de Chantal, sa vie et ses œuvres par la Mère de Chaugy, 3 vol. |
| — | Lettres de Ste Chantal, 2 vol. |
| **Colombière** (V$^{able}$ P. de la) s. j. . . . . . . . | Pensées et sentiments du serviteur de Dieu le V$^{able}$ P. Claude de la Colombière, par le P. Pouplard, S. J. |
| — | Souffrances de N. S. Jésus-Christ. |
| — | Retraite spirituelle. |
| **François** (St) d'Assise. | Fioretti ou petites fleurs de S$^t$ François d'Assise. |
| **Sales** (St François de). | Œuvres. |
| — | Traité de l'amour de Dieu. |
| — | Vraie et solide piété. |
| — | Introduction à la vie dévote. |

| | |
|---|---|
| **Sales** (St François de). | Vie parfaite |
| — | Lettres aux gens du monde, 2 vol. |
| — | Conduite pour la confession et la communion. |
| . . . . . . . . . . . . | Abrégé du véritable esprit de St François de Sales, par Mgr Baudry, 2 vol. |
| **Gertrude** (Ste). . . . . | Insinuations de la divine piété ou la vie et les œuvres de Ste Gertrude, 2 vol. |
| . . . . . . . . . . . | Le cœur de Ste Gertrude, par le P. Cros S. J. |
| **Ignace** (St) de Loyola. | Exercices spirituels, annotés par le P. Roothaan et traduits par le P. Jennessaux, S. J. |
| . . . . . . . . . . . . | Exercices spirituels, édition d'Avignon. |
| . . . . . . . . . . . . | Plusieurs lettres de S. Ignace, traduites par le P. Bouix, S. J. |
| . . . . . . . . . . . . | L'esprit de S. Ignace, par le P. de Franciosi, S. J. |
| **Jean** (St) de la Croix . | Les œuvres complètes et la vie de S. Jean de la Croix, par Mgr Gilly. |
| . . . . . . . . . . . . | La montée du Carmel et la nuit obscure de l'âme, éditées par Mgr Gilly, 2 vol. |
| **Jérôme** (St) . . . . . . | Lettres choisies de S. Jérôme, traduites par Mgr Lagrange. |
| **Louis** (St) de Gonzague. | Ses œuvres, traduites par le P. Pruvost, S. J. |
| **Marguerite - Marie** (Bse) | Mois du Sacré-Cœur, extrait des écrits de la bienheureuse Marguerite-Marie. |
| **Mechtilde** (Ste) et Ste Gertrude . . . . . . | Leurs révélations, traduites par les Pères Bénédictins de Solesmes, 4 vol. |

| | |
|---|---|
| **Térèse** (Ste) . . . . . . | Œuvres, traduites par le P. Bouix, S. J. |
| — | Lettres, 3 vol. |
| — | Livre des fondations. |
| — | Vie écrite par elle-même. |
| — | Explication du Pater. |
| **Vincent de Paul** (St) . | Lettres, 2 vol. |

## 2. — MÉDITATIONS.

| | |
|---|---|
| **Abelly** (Mgr). . . . . . | Méditations, 2 vol. |
| **Antoine** (P.) s. j. . . . | Courtes méditations. |
| **Arnaud** (Abbé). . . . . | Vie de N. S. Jésus-Christ. |
| **Avancin** (P.)s. j. . . . . | Méditations pour tous les jours de l'année, 2 vol. |
| **Avrillon** (P.) O. S. . . | Conduite pour le carême. |
| — | Conduite pour les fêtes de la Pentecôte, du St-Sacrement et de l'Assomption. |
| — — | Conduite pour l'Avent. |
| — | Méditations et sentiments sur la sainte communion. |
| — | Réflexions théologiques. |
| — | Retraite de dix jours. |
| — | Sentiments sur la dignité de l'âme. |
| — | Commentaires sur le Miserere. |
| **Bonnefons** (P.) s. j. . . | La vie et la doctrine de N. S. Jésus-Christ. |
| **Bossuet** . . . . . . . . | Elévations sur les mystères. |
| — | Méditations sur l'Evangile. |
| **Bouillerie** (Mgr de la). | Méditations sur l'Eucharistie. |
| **Boutauld** (P.) s. j. . . | Méthode pour converser avec Dieu. |

| | |
|---|---|
| **Brandt** (Abbé de) . . . | Méditations sur la vie et les mys tères de N. S. Jésus-Christ, 5 vol. |
| **Chaignon** (P.) s. J. . . | Méditations, 3 vol. |
| **Duquesne** (Abbé) . . . | L'Evangile médité, 4 vol. |
| **Griffet** (P.) s. J. . . . . | Méditations pour tous les jours de l'année. |
| **Grou** (P.) s. J. . . . . . | Méditations en forme de retraite sur l'amour de Dieu. |
| **Guéranger** (Dom) . . | Année liturgique. |
| — | Avent. |
| — | Noël, 2 vol. |
| — | Carême, 2 vol. |
| — | Temps pascal, 3 vol. |
| — | Septuagésime. |
| **Hamon** (Abbé). . . . . | Méditations pour tous les jours de l'année, 3 vol. |
| **Herbet** (Abbé). . . . . | L'Imitation de J.-C. méditée, 2 vol. |
| **Laage** (P. de) s. J. . . . | Méditations et prières à l'usage des jeunes gens. |
| **Lancicius** (P.) s. J . . | Méditations sur la vie de N. S. Jésus-Christ, 2 vol. |
| **Largent** (P.) de l'Orat. | Méditations sur l'ancien Testament. |
| **Médaille** (P.) s. J. . . . | Méditations sur les Evangiles. |
| **Nepveu** (P.) s. J. . . . | Méthode facile d'oraison. |
| **Reyre** (Abbé) . . . . . | Méditations évangéliques, 3 vol. |
| **Nouet** (P.) s. J. . . . . | Œuvres, 27 vol. |
| — | Homo orationis. |
| **Olivaint** (P.) s. J . . . | Journal de ses retraites annuelles, 2 vol. |
| **Pont** (P. du) s. J. . . . | Abrégé des méditations, 2 vol. |
| **Ricard** (Abbé). . . . . | Petite année liturgique, 2 vol. |
| **Roothaan** (P.) s. J. . | Exercices spirituels de St Ignace de Loyola, traduits de l'espagnol et commentés. |
| **Segneri** (P.) s. J. . . . | Paraphrase du Miserere. |
| **St-Jure** (P.) s. J. . . . | Méditations selon la méthode de St Ignace. |

| | |
|---|---|
| **Le Tourneux** . . . . . | L'année chrétienne, 5 vol. |
| **Vercruysse** (P.) s. J. . . | Nouvelles méditations pratiques, 2 vol. |
| — | Manuel de la solide piété, 2 vol. |
| .. . . . . . . . . . . | Jésus-Christ médité et contemplé tous les jours de l'année, 6 vol. |
| .. . . . . . . . . . . | De la crèche au Calvaire, et du Calvaire à l'Ascension, 2 vol. |
| .. . . . . . . . . . . | Courtes méditations pour les mois de mai, de juin et de novembre, 3 vol. |
| .. . . . . . . . . . . | Les divines prières et méditations, composées de versets de l'Ecriture. |

## 3. — PIÉTÉ ENVERS NOTRE-SEIGNEUR.

| | |
|---|---|
| **Alet** (P.) s. J. . . . . . | La France et le Sacré-Cœur. |
| **Argentan** (d') O. S. . | Les grandeurs de Jésus-Christ, 3 vol. |
| **Bouillerie** (Mgr de la). | L'Eucharistie et la vie chrétienne. |
| **Chaftanjon** (Abbé) . . | Le crucifix. |
| — | Le Cœur de Jésus : Méditations pour le mois de Juin. |
| **Febvre** (Abbé). . . . . | Nos devoirs envers N. S. Jésus-Christ dans la Ste Eucharistie. |
| **Faber** (P.) de l'Orat. . | Le précieux sang. |
| — | Le Saint Sacrement, 2 vol. |
| **Fayon** . . . . . . . . . . . | Instructions pour une retraite de 1ʳᵉ Communion. |
| **Galliffet** (P. de) s. J. . | L'excellence de la dévotion au Cœur de N.-S. J.-C. |
| **Gaulle** (de). . . . . . . | Fastes et légendes du St Sacrement. |

| | |
|---|---|
| **Gaulle** (de). . . . . . | Fastes du St Sacrement. |
| — | Légendes du St Sacrement. |
| — | Scènes et légendes eucharistiques. |
| **Gaume** (Mgr) . . . . . | Le Seigneur est mon partage. |
| **Gaveau** (Abbé) . . . . | Histoire de la Passion N.-S. Jésus-Christ. |
| **Gay** (Mgr). . . . . . . | Elévations sur la vie et la doctrine de N.-S. Jésus-Christ, 2 vol. |
| **Gonnelieu** (P. de) s. J. | Imitation de Jésus-Christ. |
| **Grenade** (P. de) O. P. | Méditations sur la Passion. |
| **Landriot** (Mgr) . . . . | L'Eucharistie. |
| — | La sainte Communion. |
| **Le Courtier** (Mgr). . . | La Passion de N.-S. Jésus-Christ. |
| **Letierce** (P.) s. J. . . . | Le Sacré-Cœur. |
| **Leurin** (P.) s. J. . . . . . | Jésus modèle ou la vie parfaite tirée sur celle de Jésus-Christ. |
| **Manning** (C^{al}). . . . . | Les gloires du Sacré-Cœur. |
| **Monniot** (M^{lle}). . . . . | N. S. Jésus-Christ, études et méditations pour les jeunes filles, 2 vol. |
| **Nettement**. . . . . . . | Etudes sur la semaine sainte. |
| **Ollivier** (P.) O. P. . . | La Passion, essai historique. |
| **Perraud** (Abbé Charles). | Méditations sur les sept paroles de N.-S. Jésus-Christ en croix. |
| **Pichenot** (Mgr) . . . . | L'Evangile et l'Eucharistie. |
| **Ramière** (P.) s. J. . . . | Le messager du Cœur de Jésus. |
| — | L'apostolat du Sacré - Cœur de Jésus, 2 vol. |
| **Ségur** (Mgr de). . . . . | Jésus-Christ. Considérations familières sur la personne, la vie et le mystère du Christ. |
| — | Nos grandeurs en Jésus, 4 vol. |
| — | La présence réelle, 2 vol. |
| — | Prie-Dieu pour l'adoration du St-Sacrement. |
| — | Le Sacré-Cœur de Jésus. |

| | |
|---|---|
| **St-Jure** (P.) s. j. . . . . | De la connaissance et de l'amour de Jésus-Christ, 3 vol. |
| **Thomas de Jésus** (P.) O. S. Aug. . . . . . | Les souffrances de N.-S. Jésus-Christ; traduites par le Père Alleaume, S. J., 3 vol. |
| **Vandermersch** (P.)s.j. | Méditations sur la Passion. |
| **Vaubert** (P.)s.j. . . . | La dévotion à N.-S. Jésus-Christ dans l'Eucharistie, 2 vol. |
| . . . . . . . . . . . . | Une adoratrice du Sᵗ Sacrement. |
| . . . . . . . . . . . . | L'école de Nazareth. |
| . . . . . . . . . . . . | Entretiens de l'âme avec Jésus-Christ. |
| . . . . . . . . . . . . | Histoire de la Passion du Fils de Dieu fait homme. |
| . . . . . . . . . . . . | La solitude avec Jésus. |

## 4. — PIÉTÉ ENVERS LA TRÈS SAINTE VIERGE ET SAINT JOSEPH.

| | |
|---|---|
| **Anna-Marie** . . . . . . | Le lis d'Israël. |
| **Argentan** (d') O. S. . . | Conférences sur les grandeurs de la Sainte Vierge, 2 vol. |
| **Aubert** (Abbé). . . . . | Histoire de la montagne de la Salette. |
| — | Histoire de la grotte de Lourdes. |
| **Barbé**. . . . . . . . . . | Lourdes hier, aujourd'hui, demain. |
| **Binet** (P.) s. j. . . . . . | Le tableau des divines faveurs accordées à saint Joseph. |
| **Bouix** (P.) s. j. . . . . | Apparitions de Notre-Dame de Lourdes. |
| **Carayon** (P.) s. j. . . | Histoire des congrégations de la Sainte Vierge. |

| | |
|---|---|
| **Colleur** (Abbé). . . . . | Un mois auprès de Notre-Dame de Lourdes. |
| **Combalot** (Abbé) . . . | Le culte de la Bienheureuse Vierge Marie, Mère de Dieu, 2 vol. |
| **Debussi** (P.) s. j. . . | Nouveau mois de Marie. |
| **Gay** (Mgr) . . . . . . . | Les mystères du Saint Rosaire, 2 vol. |
| **Jamar** . . . . . . . . . | Marie, Mère de Jésus. |
| **Lafond** . . . . . . . . . | La Salette, Lourdes et Pontmain. |
| **Largent** (P.) de l'Orat. | Elévations à Saint Joseph. |
| **Lasserre**. . . . . . . . | Notre-Dame de Lourdes. |
| — | Mois de Marie de Notre-Dame de Lourdes. |
| — | Le miracle du 16 septembre. |
| — | Les épisodes miraculeux de Lourdes. |
| **Laurent**. . . . . . . . | Les prodiges de Notre-Dame de Lourdes. |
| **Lefebvre** (P.) s. j. . . | Mois de Saint Joseph. |
| **Letierce** (P.) s. j. . . . | Le mois des Enfants de Marie, 2 vol. |
| **Massé** . . . . . . . . . | Le mois de Marie tout en histoires. |
| **Modeste** (P.) s. j. . . | Le Très Saint Cœur de Marie, son amour, ses douleurs et ses joies. |
| **Nicolas** (Auguste). . . | La Vierge Marie et le plan divin, 4 vol. |
| **Orsini** (Abbé) . . . . . | La Vierge. |
| **Pie** (C<sup>al</sup>) . . . . . . . . | La Vierge Marie. |
| — | La Vierge Marie (d'après Mgr Pie.) |
| **Postel** (Mgr) . . . . . . | Notre-Dame de Pontmain. |
| **Pouget** (Abbé). . . . . | Histoire des principaux sanctuaires de la Mère de Dieu, 4 vol. |
| — | Mois de Marie tout en exemples. |
| **Roquette** (Abbé). . . . | La Vierge à la Salette. |
| **Ségur** (Mgr de) . . . . | La Sainte Vierge. Mois de Marie. |
| — | Les merveilles de Lourdes. |
| — | Cent cinquante beaux miracles de Notre-Dame de Lourdes, 2 vol. |

| | |
|---|---|
| **Villecourt** (C<sup>al</sup>) . . . . | Soirées religieuses des serviteurs de Marie, 2 vol. |
| . . . . . . . . . . . . | Vie intérieure de la Très Sainte Vierge. |
| . . . . . . . . . . . . | Le triomphe de Lourdes. |
| . . . . . . . . . . . . | Dévotion des dix dimanches. |
| **Gaulle** (de) . . . . . . . | Légendes de saint Joseph. |
| **Ricard** (Mgr) . . . . . | Saint Joseph, sa vie et son culte. |

## 5. — TRAITÉS GÉNÉRAUX.

| | |
|---|---|
| **Arvisenet** . . . . . . . . | La sagesse chrétienne. |
| **Balde** (P.) s. J. . . . . . | Les grandes vérités du christianisme. |
| **Barreau** . . . . . . . . | Livre de morale pratique. |
| **Bellune** (Abbé de) . . . | Du plaisir au bonheur. |
| **Berthier** (P.) s. J. . . . | Œuvres spirituelles, 5 vol. |
| **Bierviet** (Mélanie Van) | La science du vrai bonheur. |
| **Binet** (P.) s. J. . . . . . | Abandon de l'âme à Dieu. |
| **Bouillerie** (Mgr de la) . | Le symbolisme de la nature, 2 vol. |
| **Bouix** (P.) s. J. . . . . . | Le Purgatoire : Traité du Père Munford, S. J. |
| **Bourdaloue** . . . . . . | Pensées sur divers sujets de religion et de morale, 2 vol. |
| **Bossuet** . . . . . . . . | Doctrine spirituelle. |
| **Bray** (Mme Marie de) . | Le bonheur de la religion. |
| **Brignon** (P.) s. J. . . . | Le combat spirituel, traduit de Scupoli. |
| **Broglie** (Mme de) . . . | Les vertus chrétiennes expliquées, 2 vol. |
| **Buathier** (Abbé) . . . . | Le sacrifice. |
| **Chaumont** (Abbé) . . | Monseigneur de Ségur, directeur des âmes, 2 vol. |

| | |
|---|---|
| **Crasset** (P.) s. J. . . . | Douce et sainte mort. |
| **Croiset** (P.) s. J. . . . | Réflexions chrétiennes, 2 vol. |
| **Dirckinck** (P.) s. J. . . | Le sentier de la perfection, traduit par le P. Bégin S. J. |
| **Faber** (P.) de l'Orat. . | Béthléem. 2 vol. |
| — | Le Créateur et la créature. |
| — | Le pied de la Croix. |
| — | Progrès de l'âme dans la vie spirituelle. |
| — | Tout pour Jésus. |
| **Fénelon**. . . . . . . . | La vraie et solide piété, 2 vol. |
| **Frey de la Neuville** (P.) s. J. . . . . . . . | La morale du Nouveau Testament, 3 vol. |
| **Galliffet** (P. de) s. J. . | Exercice des principales vertus. |
| **Gay** (Mgr) . . . . . . | De la vie et des vertus chrétiennes considérées dans l'état religieux, 3 vol. |
| **Grenade** (P. de) O. P. | La guide des pécheurs, 2 vol. |
| **Grou** (P.) s. J. . . . . . | L'intérieur de Jésus et de Marie, 2 vol. |
| — | Manuel des âmes intérieures. |
| — | Maximes spirituelles. |
| **Guillemon** (Abbé) . . . | La vie chrétienne, ses principes et sa pratique, 2 vol. |
| **Guilloré** (P.) s. J. . . . | Maximes spirituelles. |
| **Huguet** (P.) S. M . . . | Que Dieu est bon ! |
| **Isoard** (Mgr) . . . . . | La vie chrétienne. |
| **Lacarrière** (Mgr). . . | De la providence divine. |
| **Lalande** . . . . . . . . | Les vertus chrétiennes en actions. |
| **Lallemant** (P.) s. J. . . | La doctrine spirituelle. |
| **Landriot** (Mgr) . . . . | Les béatitudes évangéliques, 2 vol. |
| — | Instructions sur l'oraison dominicale. |
| — | Promenades autour de mon jardin. |
| — | La prière chrétienne, 2 vol. |
| — | Les péchés de la langue. |
| — | Le symbolisme. |

| | |
|---|---|
| **Lefebvre** (P.) s. j. . . . | Les questions de vie ou de mort. |
| — | Manuel de la bonne mort. |
| **Lehen** (P. de) s. j. . . | La voix de la paix intérieure. |
| **Libermann** (P.) du S^t Esprit . . . . . . | Lettres spirituelles, 2 vol. |
| **Liguori** (St Alph. de). | Amour des âmes. |
| **Mauran** . . . . . . . . | La vraie perfection. |
| **Mermillod** (Mgr) . . . | De l'intelligence et du gouvernement de la vie. |
| — | De la vie surnaturelle. |
| **Mignard** . . . . . . . . | La morale chrétienne. |
| **Nieremberg** (P.) s. j. | Le prix de la grâce, 2 vol. |
| **Ozanam** (Abbé) . . . . | Les petites vertus. |
| **Perdrau** (Abbé) . . . . | Du retour à Dieu. |
| **Pergmayr** (P.) s. j. . | Les vérités éternelles. |
| **Perraud** (Mgr). . . . . | Les paroles de l'heure présente. |
| **Ravignan** (P. de) s. j. | Dernière retraite. |
| **Ribet** (Abbé) . . . . . . | L'ascétique chrétienne. |
| **Ségur** (Mgr de). . . . . | La piété et la vie intérieure, 2 vol. |
| **St-Jure** (P.) s. j. . . . | L'homme spirituel, 2 vol. |
| **Rodriguez** (P.) s. j. . . | La perfection chrétienne, 4 vol. |
| — | Pratique de la perfection chétienne, 4 vol. |
| . . . . . . . . . . . . . | Avis spirituels, 3 vol. |
| . . . . . . . . . . . . . | Choix de bons exemples. |
| . . . . . . . . . . . . . | De la divine providence. |

## 6. — Traités spéciaux : Vie dans le Monde et Vie de Famille.

| | |
|---|---|
| **Bautain** (Abbé) . . . . | La chrétienne de nos jours, 2 vol. |
| — | Le chrétien de nos jours, 2 vol. |
| — | La belle saison à la campagne. |
| **Beaumont** . . . . . . . | Le trésor des familles chrétiennes. |

**Blanc** (P. le) s. j. . . . Le saint travail des mains, 5 vol.

**Busson** (Abbé). . . . . Instructions et conseils aux filles domestiques.

**Caussette** (P.) du s. c.   Entretiens avec Marthe.

**Chassay** (Abbé). . . . Les devoirs des femmes dans la famille.

— La femme chrétienne dans ses rapports avec le monde.

**Chaumont** (Abbé). . . Du gouvernement d'une maison chrétienne.

**C\*\*\*** (B<sup>onne</sup> de) . . . . . . La veuve chrétienne.

**Dupanloup** (Mgr). . . Conférences aux femmes chré- tiennes.

— La femme studieuse.

— Le mariage chrétien.

**Félix** (P.) s. j. . . . . La famille (2<sup>ème</sup> Conférence de 1866.

**Fournier** (Abbé). . . . La fille de Sion, ou la vocation re- ligieuse.

**Gautier** (Léon) . . . . Voyage d'un catholique autour de sa chambre.

**Gay** (Mgr) . . . . . . . Conférences aux mères chrétiennes, 2 vol.

**Hulst** (Mgr d'). . . . . Le mariage. (Conférences de 1894.)

**Isoard** (Mgr). . . . . . Le mariage.

**Janet** (Paul). . . . . . La famille.

**Lacoste** (Abbé) . . . . Le catéchisme du mariage.

**Landriot** (Mgr) . . . . Conférences aux dames du monde, 2 vol.

— La femme forte.

— La femme pieuse, 2 vol.

**Letierce** (P.) s. j. . . . L'enfant de Marie à la campagne, 2 vol.

**Margerie** (A. de) . . . De la famille, 2 vol.

**Matignon** (P.) s. j. . . . Les familles bibliques, 5 vol.

— La paternité chrétienne.

| | |
|---|---|
| **Monsabré** (P.) O. P. . | Le mariage. (Conférences et retraite de 1887). |
| **Moyne** (P. le) s. J. . . . | La dévotion aisée, ouvrage réédité par le P. Doyotte S. J. |
| **Nettement**. . . . . . . | De la seconde éducation. |
| **Ozanam** (Abbé) . . . . | Manuel des pieuses domestiques. |
| — | Manuel des pieuses ouvrières. |
| **Pailloux** (P.) s. J. . . . | La famille sanctifiée, 2 vol. |
| **Pierson**. . . . . . . . | Manuel d'un jeune ménage. |
| **Ravignan** (P. de) s. J. | Entretiens spirituels aux enfants de Marie. |
| — | La vie chrétienne d'une dame dans le monde. |
| **Ribbe** (de) . . . . . . . | Les familles et la société en France, 2 vol. |
| — | La vie domestique, ses modèles et ses règles, 2 vol. |
| **Rollin** (P.) s. J. . . . . | Retraite prêchée aux enfants de Marie de la Visitation. |
| **Rondelet** (A.) . . . . . | Le lendemain du mariage. |
| — | La vie dans le mariage. |
| — | L'éducation de la vingtième année. |
| **Sayn - Wittgenstein** (Pcesse de), . . . . . . | Entretiens pratiques à l'usage des femmes du monde. |
| **Ségur** (Anatole de). . . | Les païens et les chrétiens. |
| **Ventura** (P.). . . . . . | Les femmes de l'Evangile. |
| . . . . . . . . . . . . . | Mon cher petit cahier. (Journal d'une jeune ouvrière.) |
| . . . . . . . . . . . . . | Mémorial des enfants de Marie, 2 vol. |
| . . . . . . . . . . . . . | Conseils aux mères chrétiennes. |
| . . . . . . . . . . . . . | L'éducation des jeunes femmes. |
| . . . . . . . . . . . . . | La femme du monde. |
| . . . . . . . . . . . . . | La femme du monde selon l'Evangile. |

## 7. — Traités spéciaux : Vie de souffrances.

**Blot** (P.), s. j. . . . .    Au ciel on se reconnaît.
**Bougaud** (Mgr) . . . .    De la douleur. (Extrait du christia-
                             nisme et les temps présents.)
**Lambillotte** (P.) s. j.    Le consolateur.
**Lefebvre** (P.) s. j . .    Consolations de la religion.
**Lyonnard** (P.) s. j. . .    L'apostolat de la souffrance.
**Méric** (Abbé). . . . . .    Les élus se reconnaissent au ciel.
**Ozanam** (Frédéric) . .    Le livre des malades.
**Perreyve** (Abbé) . . .    La journée des malades.
**Postel** (Mgr) . . . . . .    Les douleurs de la vie.
**Ségur** (Mgr de) . . . .    Consolations à ceux qui souffrent.
. . . . . . . . . . . . .    Un aide dans la douleur.
. . . . . . . . . . . . . .    L'Evangile proposé à ceux qui
                             souffrent.

## 8. — Traités spéciaux : Education.

**Antoniano** (C^al) . . . .    Traité de l'éducation chrétienne.
**Bassanville** (M^me de).    L'éducation des femmes.
**Boylesve** (P. de) s. j.    Plan d'études et de lectures.
**Beauchêne** (de) . . . .    Livre des jeunes mères.
**Cantacuzène - Altiéri**
  (P^cesse) . . . . . . . .    Premières Communions.
**Cooke** . . . . . . . . . .    La sainteté dans la jeunesse.
**Cros** (P.) s. j. . . . . .    Le confesseur de l'enfance.
**Dupanloup** (Mgr) . . .    Conseils aux jeunes gens.
          —                  De l'éducation, 3 vol.
          —                  De la haute éducation intellec-
                             tuelle, 3 vol.

**Félix** (P.) s. j. . . . . L'éducation chrétienne, (Conférences de 1861.)

**Fliche** (Abbé) . . . . . Les apprêts du beau jour de la vie.

**Franco** (P.) s. j. . . . Direction morale et religieuse de l'enfance et de la jeunesse.

**Gaume** (Mgr) . . . . . Le grand jour approche.

**Grimouard de Saint-**
   **Laurent** . . . . . . . Fleurs de la Ste Enfance, 2 vol.

**Margerie** (Eug. de). . Lettres à un jeune homme sur la piété.

      —          Nouvelles lettres à un jeune homme.

**Reyre** (Abbé) . . . . . Ecole des jeunes demoiselles.

**Nicolay** . . . . . . . . Les enfants mal élevés.

**Olivaint** (P.) s. j. . . . Conseils aux jeunes gens.

**Pichenot** (Mgr) . . . . Traité de l'éducation maternelle.

**Postel** (Mgr) . . . . . . Le bon ange de la 1$^{ere}$ Communion.

**Ségur** (Mgr de) . . . . La piété enseignée aux enfants.

. . . . . . . . . . . . . L'apostolat des enfants chrétiens en exemples.

. . . . . . . . . . . . Choix de lectures chrétiennes pour les jeunes filles.

. . . . . . . . . . . . . Une jeune fille chrétienne.

. . . . . . . . . . . . . Le livre des enfants qui se préparent à la 1$^{ere}$ Communion.

# III. — SCIENCES & ARTS

## I. — SCIENCES PHILOSOPHIQUES.

| | |
|---|---|
| **Balmès** . . . . . . . . | Art d'arriver au vrai. |
| **B***· · · · · · · · · · · | Institutes du droit naturel privé et public et du droit des gens, 2 vol. |
| **Benoît** (Dom) . . . . . | Les erreurs modernes, 2 vol. |
| **Berseaux** (Abbé) . . . | Liberté et libéralisme, ou l'Etat chrétien. |
| **Curley** (P. de) s. J. . . | Le mariage et les Etats. |
| **Brun** (Lucien) . . . . . | Introduction à l'étude du droit. |
| **Félix** (P.) s. J. . . . . | L'économie sociale. |
| — | L'économie antichrétienne. (Conférences de 1866.) |
| — | Le socialisme et la société. |
| — | L'article 7 devant le bon sens. |
| **Freppel** (Mgr) . . . . . | La Révolution, à propos du centenaire de 1789. |
| **Lescœur** (P.) de l'Orat. | L'esprit révolutionnaire. |
| **Liberatore** (P.) s. J. . | Théorie de la connaissance intellectuelle, d'après saint Thomas. |
| **Maistre** (Joseph de). . | Délais de la justice divine. |
| — | Pensées. |
| — | Les soirées de St-Pétersbourg, 2 vol. |
| **Mallock** . . . . . . . | La vie vaut-elle la peine de vivre ? |
| **Martinet** (Abbé). . . . | Solution des grands problèmes. |
| **Meuley** (Abbé). . . . | La bonté, science de la vie. |
| **Mirville** (de). . . . . . | Le peuple et les savants du XIXᵉ siècle. |
| **Nettement** . . . . . . . | Les ruines morales et intellectuelles. |

| | |
|---|---|
| **Peyrière** (C^te de la) . . | Le catholicisme et la France, 2 vol. |
| **Play** (Le). . . . . . . | Programme de gouvernement et d'organisation sociale. |
| — | L'organisation de la famille. |
| **Ribbe** (de). . . . . . . | Le Play, d'après sa correspondance. |
| **Rondelet** (A.). . . . . | Mon voyage au pays des chimères. |
| **Sarcus** (V^te de) . . . . | Etude sur la philosophie de l'histoire. |
| **Ségur** (Mgr de) . . . . | La liberté. |
| . . . . . . . . . . . . | La Révolution. |
| **Tonnellé** (A) . . . . . . | Fragments sur l'art et la philosophie. |

## 2. — SCIENCES NATURELLES.

| | |
|---|---|
| **Moigno** (Abbé). . . . . | Le Père Secchi S. J. |
| **Valson**. . . . . . . . . | Vie et travaux du B^on Cauchy, 2 vol. |
| . . . . . . . . . . . . . | Monsieur Pasteur. Histoire d'un savant par un ignorant. |
| **Valson** . . . . . . . . | Les savants illustres du XVI^e et du XVII^e siècles, 2 vol. |
| **Parville** (de). . . . . . | Causeries scientifiques. |
| **Van Tricht** (P.) s. j. . . | Causeries : le spectroscope, le cœur, glaciers et neiges, nos cousins, nos oiseaux, nos insectes, nos familiers, 4 vol. |
| **Hément** (F.). . . . . . | Menus propos sur les sciences. |
| **Arsac** (d') . . . . . . . | Premiers récits d'un naturaliste. |
| **Henrion** . . . . . . . . | Le monde des jeunes filles. |
| **Ulliac-Trémadeure** . | Les jeunes naturalistes, 2 vol. |
| **Figuier** . . . . . . . . . | Le savant du foyer. |

| | |
|---|---|
| **Pluche** . . . . . . . . | Le spectacle de la nature, 3 vol. |
| . . . . . . . . . . . . . | Récréations technologiques. |
| **Rambosson** . . . . . . | Les astres. |
| **Margollé**. . . . . . . ⎫ | |
| et ⎬ | Les météores. |
| **Zurcher** . . . . . . . ⎭ | |
| — | Trombes et cyclones. |
| — | Volcans et tremblements de terre. |
| — | Les glaciers. |
| **Bouant**. . . . . . . . . | Les grands froids. |
| **Mangin** (A). . . . . . . | Le monde de l'air. |
| — | Le monde marin. |
| **Maugeret** (M^{lle}) . . . . | La science à travers champs. |
| **Cuvier**. . . . . . . . . | Discours sur les révolutions du globe. |
| **Estienne** (d') . . . . . . | Comment s'est formé l'univers. |
| **Valroger** (de). . . . . | L'âge du monde. |
| **Lesbazeilles**. . . . . . | Les merveilles du monde polaire. |
| **Badin**. . . . . . . . . | Grottes et cavernes. |
| **Longchêne** (de) . . . . | Le monde souterrain. |
| **Simonin** . . . . . . . . | Les merveilles du monde souterrain. |
| **Piazzi-Smyth** . . . . . | La grande pyramide. |
| **Burty**. . . . . . . . . | Chefs-d'œuvre des arts industriels. |
| **Mazure** . . . . . . . . | Lectures sur les découvertes et les progrès de l'industrie et des arts. |
| **Lévy** . . . . . . . . . . | Nos vraies conquêtes. |
| **Deherrypon** . . . . . . | Merveilles de la chimie. |
| **Fertiault**. . . . . . . . | Les féeries du travail. |
| **Delcroix** . . . . . . . . | La vapeur, ses applications. |
| **Guillemin** . . . . . . . | La vapeur. |
| **Fournier**. . . . . . . . | Le vieux-neuf, 3 vol. |
| **Meunier** . . . . . . . . | Les grandes chasses. |
| — | Les grandes pêches. |
| **Bocquillon**. . . . . . . | La vie des plantes. |
| **Demoulin**. . . . . . . . | Les cinq sens. |
| **Macé** . . . . . . . . . . | Histoire d'une bouchée de pain. |

| | |
|---|---|
| **Riche** (Abbé). . . . . . | Les merveilles de l'œil. |
| **Bonniot** (P. de) s. j. . . | Histoire merveilleuse des animaux. |
| — | Histoire naturelle des animaux. |
| **Tissandier**. . . . . . . | Les fossiles. |
| **Menault** . . . . . . . . | L'amour maternel chez les ani-maux. |
| **Rendu**. . . . . . . . . | Mœurs pittoresques des insectes. |
| **Bourassé** (Abbé). . . . | Histoire naturelle des oiseaux. |
| **Landrin** . . . . . . . . | Les monstres marins. |
| **Lacépède**. . . . . . . | Histoire naturelle des poissons. |
| — | Histoire naturelle des serpents. |
| **Buffon** . . . . . . . ⎧ et **Lacépède**. . . . . . ⎨⎩ | Les amphibies et les cétacés. |
| **Buffon**. . . . . . . . . | Les quadrupèdes. |
| — | Les oiseaux de proie. |

## 3. — BEAUX-ARTS.

| | |
|---|---|
| **Delaborde**. . . . . . . | Lettres et pensées d'Hippolyte Flandrin. |
| **Nettement**. . . . . . | Poëtes et artistes contemporains. |
| **Cartier** . . . . . . . . | Etude sur l'art chrétien. |
| **Clair** (P.) s. j. . . . . . | Le beau et les beaux-arts. |
| **Rio** . . . . . . . . . . | De l'art chrétien, 4 vol. |
| . . . . . . . . . . . . . | Etude sur le développement artis-tique et littéraire de la société moderne. |
| **Berlioz** . . . . . . . . | A travers chants. |
| **Gjertz** (Mme) . . . . . | La musique au point de vue moral et religieux. |
| **Laprade** (de). . . . . . | Les symphonies. |
| **Saint-Saëns** . . . . . . | Harmonie et mélodie. |

| | |
|---|---|
| **Cartier** . . . . . . . . . | Vie de Fra Angelico. |
| **Clément**. . . . . . . . . | Géricault. |
| **Bournand** . . . . . . . | Trois artistes chrétiens : Michel-Ange, Raphaël et H. Flandrin. |
| **Ollivier** (Emile) . . . . | Michel-Ange. |
| **Curzon** (de). . . . . . . | Lettres de Mozart. |
| **Gervais** . . . . . . . . | Mozart ou la jeunesse d'un grand artiste. |
| **Goschler**. . . . . . . . | Mozart. |
| **Lagrange** (L.) . . . . | Pierre Puget. |
| — | Joseph Vernet. |

## 4. — BELLES-LETTRES.

| | |
|---|---|
| **Avril** (d'). . . . . . . . | La chanson de Roland. |
| **Bassanville** (M^me de). | Les salons d'autrefois, 4 vol. |
| **Bernadille**. . . . . . . | Esquisses et croquis parisiens, 2 vol. |
| **Biré**. . . . . . . . . . | Victor Hugo avant 1830. |
| — | Victor Hugo après 1830, 2 vol. |
| — | Victor Hugo après 1852. |
| **Bornier** (V^te de) . . . . | La fille de Roland. |
| **Bossuet** . . . . . . . . | Œuvres complètes. |
| **Broglie** (Duc de). . . . | Nouvelles études de littérature et de morale. |
| **Caruel** (P.) s. J. . . . . | Études sur les auteurs français, 2 vol. |
| **Chateaubriand** . . . . | Le génie du christianisme. |
| — | Les Martyrs. |
| **Cornut** (P.) s. J. . . . | Les malfaiteurs littéraires. |
| **Delaporte** (P.) s. J. . . | Récits et légendes. |
| **Déroulède**. . . . . . . | Chants du soldat. |
| **Faure** (Abbé) . . . . . | Soirées littéraires. |
| **Félix** (P.) s. J, . . . . . | La parole et le livre. |

| | |
|---|---|
| **Fénelon** . . . . . . . . | Œuvres, 3 vol. |
| **Feugère** . . . . . . . . | Morceaux choisis classiques, 2 vol. |
| **Follioley** (Abbé). . . . | Histoire de la littérature française au XVIIᵉ siècle, 3 vol. |
| **Fougeray** (P. du) s. j. | Notice et œuvres choisies, par le Père Delaporte, S. J. |
| **Gautier** (L.) . . . . . | Portraits littéraires. |
| **Saint-Marc Girardin**. | Cours de littérature dramatique, 5 vol. |
| **Godefroy** . . . . . . . | Histoire de la littérature, 2 vol. |
| — | Histoire de la littérature française, 3 vol. |
| **Hersart de la Ville-marqué** . . . . . . | La légende celtique. |
| **Homère**. . . . . . . . | L'Iliade et l'Odyssée. |
| **Jeanroy** . . . . . . . | Nouvelle histoire de la littérature française pendant la Révolution et l'Empire. |
| **Laprade** (de) . . . . . | Le livre d'un père. |
| — | Pernette. |
| — | Poèmes évangéliques. |
| **Legouvé** (E.) . . . . . | L'art de la lecture. |
| — | La lecture en action. |
| **Lenthéric** . . . . . . . | La Grèce et l'Orient en Provence. |
| **Longhaye** (P ) s. j. . . | Théorie des Belles-Lettres. |
| **Marcellus** (de) . . . . | Les anciens Grecs et les Grecs modernes. |
| **Mennechet** . . . . . . | Nouveau cours de littérature grecque. |
| — | Nouveau cours de littérature romaine. |
| — | Cours complet de littérature moderne, 4 vol. |
| **Montalembert** (Cᵗᵉ de) | Mélanges d'art et de littérature. |
| **Nettement**. . . . . . . | Histoire de la littérature française, 4 vol. |

| | |
|---|---|
| **Nettement**. . . . . . . | Le roman contemporain, ses vicissitudes, ses divers aspects, son influence. |
| **Ozanam** . . . . . . . . | Œuvres complètes, 11 vol. |
| — | La civilisation chrétienne chez les Francs, 2 vol. |
| — | Etudes germaniques, 2 vol. |
| — | Les poètes franciscains. |
| — | Dante, 2 vol. |
| — | Lettres, 2 vol. |
| — | Mélanges, 2 vol. |
| — | Un pélerinage au pays du Cid. |
| **Pierron** . . . . . . . . | Histoire de la littérature grecque. |
| — | Histoire de la littérature romaine. |
| **Pontmartin** (de). . . . | Les jeudis de Madame Charbonneau. |
| — | Causeries du samedi. |
| — | Nouvelles causeries du samedi. |
| — | Dernières causeries du samedi. |
| **Poujoulat** . . . . . . . | Etudes et portraits. |
| — | Souvenirs d'histoire et de littérature. |
| — | Variétés littéraires. |
| **Sacy** (de). . . . . . . | Variétés littéraires, morales et historiques, 2 vol. |
| **Saint-Marc Girardin** | La Fontaine et les fabulistes, 2 vol. |
| **Staël** (M^me de). . . . . | De l'Allemagne. |
| **Veuillot** (Eugène). . . | Critiques et croquis. |
| **Veuillot** (Louis). . . . | Ça et là, 2 vol. |
| — | Etudes sur Victor Hugo. |
| — | Molière et Bourdaloue. |
| **Villemain** . . . . . . . | Tableau de l'éloquence chrétienne au IV^e siècle. |

# IV. — HISTOIRE

## 1. — HISTOIRE ANCIENNE.

| | |
|---|---|
| **Ampère** . . . . . . . . . | L'histoire romaine à Rome, 4 vol. |
| **Dézobry** . . . . . . . . | Rome au siècle d'Auguste, 4 vol. |
| **Mangin**. . . . . . . . . | Rome sous Néron. |
| **Champagny** (C$^{te}$ de). | Les Antonins, 3 vol. |
| — | Les Césars, 4 vol. |
| — | Les Césars du III$^e$ siècle, 3 vol. |
| — | Rome et Judée, 2 vol. |
| **Trawinsky** . . . . . . \| | |
| et \| | La vie antique. |
| **Ricmann** . . . . . . . \| | |
| **Allard** . . . . . . . . . | Les esclaves chrétiens. |
| — | Esclaves, serfs et main mortables. |

## 2. — HISTOIRE MODERNE.

| | |
|---|---|
| **Chantrel** . . . . . . . | Nouveau cours d'histoire universelle, 7 vol. |
| **Frantin** . . . . . . . . | Annales du moyen-âge, 10 vol. |
| **Romain** . . . . . . . . | Le moyen-âge fut-il une époque de ténèbres et de servitude ? |
| **Roy** . . . . . . . . . . | Histoire de la Chevalerie. |

| | |
|---|---|
| Sénichon . . . . . . . | La paix et la trève de Dieu, 2 vol. |
| Hervé-Bazin . . . . . | Les grandes journées de la chrétienté. |
| Champagny (C^te de) . | La charité chrétienne dans les premiers siècles de l'Eglise. |
| Guenot. . . . . . . . . | L'Europe chrétienne. |
| Farine. . . . . . . . . | Histoire des Croisades. |
| Michaud . . . . . . . | Histoire des Croisades, 4 vol. |
| Valentin . . . . . . . | Abrégé de l'histoire des Croisades. |
| A. R. et C. R. . . . . . | Les Croisades et les Saints du moyen-âge. |
| Ribbe (de) . . . . . . . | Une famille au xvi^e siècle. |
| Babeau . . . . . . . . | La ville sous l'ancien régime, 2 vol. |
| Baudrillart. . . . . . | Histoire du luxe, 4 vol. |
| Gabourd. . . . . . . | Histoire contemporaine, de 1830 à 1870, 10 vol. |
| Girard . . . . . . . . | Nouveau cours d'histoire contemporaine. |
| Petit . . . . . . . . . | Les grands incendies. |
| — | Les sièges célèbres. |
| Zurcher et Margollé. | Les naufrages célèbres. |

## 3. — HISTOIRE ECCLÉSIASTIQUE.

| | |
|---|---|
| Bourquard (Mgr). . . | Petite histoire de l'Eglise. |
| Broglie (de). . . . . . | L'Eglise et l'empire romain au iv^e siècle, 6 vol. |
| Darras (abbé). . . . . | Histoire générale de l'Eglise, 4 vol. |
| Postel (Mgr) . . . . . | Histoire de l'Eglise. |
| Allard . . . . . . . . . | Histoire des persécutions pendant les deux premiers siècles. |
| — | La persécution de Dioclétien. |
| — | Les dernières persécutions du iii^u siècle. |

| | |
|---|---|
| **Ségur** (Anatole de) . . | Païens et chrétiens. |
| **A. R.** . . . . . . . . . | Les apôtres et les martyrs. |
| **Destombes** (Abbé). . . | La persécution religieuse en Angleterre sous Elisabeth et les premiers Stuarts, 3 vol. |
| **Artaud** de **Montor** . . | Histoire des Souverains Pontifes, 8 vol. |
| **Chantrel** . . . . . . . . | Histoire populaire des Papes, 24 vol. |
| **Pastor** . . . . . . . . . | Histoire des Papes depuis la fin du moyen-âge, 2 vol. |
| **Epinois** (de l'). . . . . | La ligue et les Papes. |
| **Pierling** (P.) s. J. . . . | Papes et Tzars. |
| **Quéant** (Abbé). . . . . | Gerbert ou Sylvestre II et le siècle de fer. |
| **Villeneuve** (de) . . . . | Grégoire le Grand et son époque. |
| **Saint-Chéron** . . . . . | Saint Léon le Grand et son siècle, 2 vol. |
| **Audin** . . . . . . . . . | Histoire de Léon X et de son siècle. |
| **Jurien de la Gravière** (A<sup>al</sup>) . . . . . | La guerre de Chypre et la bataille de Lépante, 2 vol. |
| **Jager** (Abbé) . . . . . | Histoire de l'Eglise de France pendant la Révolution, 3 vol. |
| **Sicard** (Abbé) . . . . . | L'ancien clergé de France : les Evêques pendant la Révolution. |
| **Grandmaison** (de) . . | La Congrégation. 1801-1830. |
| **Wiseman** (C<sup>al</sup>). . . . . | Les quatre derniers Papes. |
| **Baldassari** (Abbé) . . | Histoire de l'enlèvement et de la captivité de Pie VI. |
| **Haussonville** (C<sup>te</sup> d'). | L'Eglise romaine et le premier empire, 5 vol. |
| **Saint-Albin** (de). . . . | Pie IX. |
| **Dufaut** . . . . . . . . . | Vie anecdotique de Pie IX. |
| **Hovine** . . . . . . . . . | Pie IX. |
| **Limbour** (P.) . . . . . | Vie populaire de Pie IX. |
| **Roselly de Lorgues** . | L'ambassadeur de Dieu et le Pape Pie IX. |

| | |
|---|---|
| **Villefranche** . . . . . | Pie IX, sa vie, son histoire et son siècle. |
| **Becdelièvre** (de) . . . | Souvenirs de l'armée pontificale. |
| **Cabrières** (de). . . . . | Le volontaire pontifical. |
| **Franco** (P.) s. j. . . . | Les Croisés de St Pierre en 1867, 2 vol. |
| **Jacquemont**. . . . . . | La campagne des zouaves pontificaux. |
| **Ségur** (Anatole de) . . | Les martyrs de Castelfidardo. |
| **Valicourt** (de). . . . . | Les zouaves pontificaux. |
| **Sambin** (P.) s. j. . . . | Histoire du concile œcuménique 1869-1870. |
| **Veuillot** (Louis). . . . | Rome pendant le concile, 2 vol. |
| **Cornély** . . . . . . . . | Rome et le jubilé de Léon XIII. |

## 4. — HISTOIRE DES ORDRES RELIGIEUX.

| | |
|---|---|
| **Farochon** . . . . . . . | Les chevaliers de Rhodes et de Malte. |
| **Vertot** (Abbé de). . . . | Histoire des chevaliers de St Jean de Jérusalem, 3 vol. |
| — | Histoire de la Chevalerie de Malte. |
| **A. R.** et **C. R.** . . . . | Les moines et les barbares. |
| **Dantier** (Alph.). . . . | Les monastères bénédictins, 2 vo . |
| **Montalembert**. . . . . | Les Moines. |
| — | Les moines d'Occident, 5 vol. |
| — | Les moines en Gaule. |
| **Montrond** (de) . . . . | Fleurs monastiques. |
| . . . . . . . . . . . . | La grande Chartreuse, par un Chartreux. |
| **Gaillardin**. . . . . . . | Histoire de la Trappe, 2 vol. |
| **Danzas** (P.) o. p. . . . | Etudes sur les temps primitifs de l'Ordre de St-Dominique, 4 vol. |

| | |
|---|---|
| **Arsac** (d') . . . . . . . | Les Jésuites. |
| **Aubineau** . . . . . . . | Les Jésuites au bagne : récit d'une mission donnée aux galériens. |
| **Boussu** . . . . . . . . | La vérité sur les Jésuites. |
| **Crétineau-Joly** . . . . | Histoire de la C$^{ie}$ de Jésus, 6 vol. |
| **Daniel** (P.) s. J. . . . . | Les Jésuites instituteurs de la jeunesse française. |
| **Daurignac**. . . . . . . | Histoire de la C$^{ie}$ de Jésus, 2 vol. |
| **Féval** (Paul). . . . . . | Jésuites ! |
| **Lirac**. . . . . . . . . . | Les Jésuites et la liberté religieuse sous la Restauration. |
| **Ravignan** (P. de) s. J. | De l'existence et de l'institut des Jésuites. |
| **Zalenski** (P.) s. J. . . . | Les Jésuites de la Russie Blanche, 2 vol. |
| **Hervé-Bazin** . . . . . | Les grands ordres et congrégations de femmes. |
| . . . . . . . . . . . . | Chroniques de l'ordre des Carmélites, 5 vol. |
| **Bayonne** (P.) o. p. . . . | Le monastère des Dominicaines de Langres, 2 vol. |
| **Colet** (Mgr) . . . . . . | Annales de la Visitation de Dijon. |
| **Lyden** (de). . . . . . . | Les sœurs de Charité. |
| **Cosnier** . . . . . . . . | Les sœurs hospitalières. |
| **Taxil** (Léo) . . . . . . . | Les sœurs de Charité. |
| **Ribeyre** . . . . . . . . | Histoire des Petites sœurs des pauvres. |
| **Delaporte** (P.) s. J. . . | La Société de Marie réparatrice. |

## 5. — HISTOIRE DE FRANCE.

| | |
|---|---|
| **Barral** (de) . . . . . . | Les chroniques de l'histoire de France : |
| — | Légendes mérovingiennes. |
| — | Légendes carlovingiennes : Charlemagne, la famille de Charlemagne. |
| — | Légendes capétiennes : les premiers Capétiens, les Valois et les Bourbons, 5 vol. |
| **Bouniol** . . . . . .. . . . | La France héroïque, 4 vol. |
| --- | Les marins français, 2 vol. |
| **Boutaric**. . . . . . . . | Institutions militaires de la France. |
| **Canet**. . . . . . . . . | Histoire de France. |
| **Chalambert** (de) . . . | Histoire de la Ligue, 2 vol. |
| **Chantrel**. . . . . . . . | Histoire de France, 2 vol. |
| **Chasles** (Emile). . . . | Les grands faits de l'histoire de France, 2 vol. |
| **Doncourt** (de) . . . . . | Les fastes militaires de la France. |
| **Ducoudray** . . . . . . | Simples récits d'histoire de France. |
| **Dussieux**. . . . . . . . | Les grands faits de l'histoire de France, 8 vol. |
| **Epinois** (de l'). . . . . | Henri Martin et son histoire de France. |
| **Gabourd.** . . . . . . . | Histoire de France, 20 vol. |
| — | Histoire de France, 3 vol. |
| **Gœpp** (Edouard). . . . | Les grands hommes de la France, 3 vol. |
| **Héricault** (d') . . . . . | Histoire anecdotique de la France. Origines du peuple français : |
| — | Le Moyen-âge. |
| — | La Renaissance, 3 vol. |
| — | Histoire nationale des naufrages, 2 vol. |
| **Hocquart** . . . . . . . | Le clergé de France. |

| | |
|---|---|
| **Hubault** . . . . . . . | Causeries sur notre histoire. |
| **Labutte** . . . . . . . . | Entretiens populaires sur l'histoire de France. |
| **Lucotte** (Abbé). . . . | Etablissement du christianisme dans les Gaules. |
| **Laurentie** . . . . . . . | Histoire de France, 8 vol. |
| **Marchangy** (de). . . . | La Gaule poétique, 6 vol. |
| **Mazas** (A.). . . . . . . | Cours d'histoire de France, 4 vol. |
| **Montrond** (de). . . . . | La France chrétienne. |
| **Ozaneaux** . . . . . . . | Histoire de France, 2 vol. |
| **Trognon** . . . . . . . : | Histoire de France, 5 vol. |
| **Roy** (J. E.). . . . . . . | Charlemagne et son siècle. |
| **Todière** . . . . . . . . . | Charles VI. Les Armagnacs et les Bourguignons. |
| **Luce** (Siméon). . . . . | La France pendant la guerre de cent ans. |
| **Gaillardin** . . . . . . . | Histoire du règne de Louis XIV. 4 vol. |
| **Locmaria** (C^te de). . . | Histoire du règne de Louis XIV, 2 vol. |
| **Courcy** (M^is de) . . . . | Renonciation des Bourbons d'Espagne au trône de France. |
| **Haussonville** (C^te d'). | Histoire de la réunion de la Lorraine à la France, 4 vol. |
| **Carné** (C^te de) . . . . . | La monarchie française au XVIII^e siècle. |
| **Biré** . . . . . . . . . . . | Légendes révolutionnaires. |
| — | La légende des Girondins. |
| **Cléry** . . . . . . . . . . | Captivité de Louis XVI. |
| **Mortimer-Ternaux** . . | La chute de la royauté. |
| **Delbrel** (P.) s. j. . . . | Les martyrs de Septembre. |
| **Ernouf** (B^on ) . . . . . . | Souvenirs de la Terreur. |
| **Forneron** . . . . . . . . | Histoire générale des émigrés pendant la Révolution française, 2 vol. |
| **Laurentie** . . . . . . . | Episode de l'émigration française. |
| **Sorel** . . . . . . . . . . | Le couvent des Carmes pendant la Terreur. |

| | |
|---|---|
| **Mortimer-Ternaux**.. | Le peuple aux Tuileries. |
| — | Les massacres de Septembre. |
| — | Histoire de la Terreur, 7 vol. |
| **Buron** . . . . . . . . | La Bretagne catholique. |
| **Carné** (C<sup>te</sup> de) . . . . . | Les Etats de Bretagne, 2 vol. |
| **Nettement**. . . . . . . | Quiberon. |
| **Brem** (de). . . . . . . . | Histoire populaire des guerres de la Vendée. |
| **P. L. P.** . . . . . . . . | La Vendée avant 1793. Légendes et récits. |
| **Crétineau-Joly** . . . . | Histoire de la Vendée militaire, 4 vol. |
| — | Rome et Vendée. |
| **Grimaud**. . . . . . . . | Les Vendéens. |
| **Paillon** . . . . . . . . | La Vendée. |
| **Quatrebarbes** (C<sup>te</sup> de). | Une paroisse vendéenne sous la Terreur. |
| **Rio**. . . . . . . . . . | La petite chouannerie. |
| **Veuillot** (Eugène). . . | Les guerres de la Vendée et de la Bretagne. |
| **Crécy** (de). . . . . . . | Histoire de la Révolution française. |
| **Héricault** (d') . . . . . | Histoire de la Révolution racontée aux petits enfants. |
| — | Thermidor. Paris en 1794. |
| — | Thermidor. Marie - Thérèse et Marie-Rose. |
| **Moussac** (de) . . . . . | Les bienfaits de la Révolution. |
| **Poujoulat** . . . . . . . | Histoire de la Révolution, 2 vol. |
| **Rastoul.** . . . . . . . . | Histoire populaire de la Révolution française. |
| **Gabourd**. . . . . . . . | Histoire de la Révolution et de l'Empire, 10 vol. |
| **Meaux** (V<sup>te</sup> de). . . . . | La Révolution et l'Empire, 1789-1815. |
| **Ségur** (de). . . . . . . | Histoire de Napoléon et de la grande armée en 1812, 2 vol. |
| **Rousset** (Camille). . . | La grande armée de 1813. |

| | |
|---|---|
| **Firmin-Didot** (Georges). . | La captivité de Ste Hélène, d'après les rapports de M. de Montchenu. |
| **Taine**. . . . . . . . . | Les origines de la France contemporaine : |
| — | L'ancien régime. |
| — | La Révolution, 3 vol. |
| — | Le régime moderne, 2 vol. |
| **Epinois** (de l'). . . . . | Histoire de la Restauration. |
| **Nettement**. . . . . . . | Histoire de la Restauration, 8 vol. |
| **Petit** . . . . . . . . . | Histoire contemporaine de la France, 12 vol. |
| **Fallet** . . . . . . . . . | Conquête de l'Algérie. |
| **Nettement**. . . . . . . | Histoire de la conquête d'Alger. |
| **Orse** (Abbé) . . . . . . | Alger pendant cent ans. |
| **Perret** . . . . . . . . . | Récits algériens, 2 vol. |
| **Quesnoy** (Dr) . . . . . | L'armée d'Afrique. |
| **Rousset** (Camille). . . | La conquête d'Alger. |
| **Thureau-Dangin** . . . | Histoire de la monarchie de Juillet, 3 vol. |
| **Rastoul** . . . . . . . . | Histoire de France depuis la révolution de juillet jusqu'à nos jours. |
| — | Le second Empire et la troisième République. |
| **Gorce** (de la). . . . . . | Histoire de la seconde République française, 2 vol. |
| — | Histoire du second Empire, 2 vol. |
| **Gaillard** (L. de). . . . | L'expédition de Rome en 1849. |
| **Mullois** (Abbé). . . . . | Histoire de la guerre d'Orient. |
| **Roy** (J. E.). . . . . . . | Histoire du siège de Sébastopol. |
| . . . . . . . . . . . . | La Croix et l'épée. Récits de la guerre d'Orient. |
| **Ambert** (Gal) . . . . . | Histoire de la guerre 1870-71. |
| — | Récits militaires, 3 vol. |
| — | Le pays de l'honneur. |
| — | L'héroïsme en soutane. |
| **Arsac** (d') . . . . . . . | Les frères des écoles chrétiennes pendant la guerre de 1870. |

| | |
|---|---|
| **Besancenet** (de) . . . | Alsace et Lorraine. |
| **Bibesco** (Pᶜᵉ). . . . . . | Belfort, Reims, Sedan. |
| **Boissonnas** (Mᵐᵉ). . . | Une famille pendant la guerre. 1870-1871. |
| **Bournand** . . . . . . . | Le clergé pendant la guerre. 1870-1871. |
| **Cathelineau** (Gᵃˡ) . . . | Le corps Cathelineau pendant la guerre. 1870-1871, 2 vol. |
| **Camp** (M. du) . . . . . | Les convulsions de Paris, 4 vol. |
| **Doncourt** (de) . . . . . | Souvenirs des ambulances. |
| **Dussieux**. . . . . . . . | Histoire générale de la guerre de 1870-1871, 2 vol. |
| **Guers** (Abbé) . . . . . | Les soldats français dans les prisons d'Allemagne. |
| **Joseph** (P.) o. s. . . . | La captivité à Ulm. |
| **Mazade** (de). . . . . . | La guerre de France, 2 vol. |
| **Maillard** (Abbé). . . . | Les Jésuites pendant la guerre. |
| **Montrond** (de). . . . . | Episodes et souvenirs de la guerre de Prusse. |
| **Martin des Pallières.** | Orléans. |
| **Vinoy** (Gᵃˡ) . . . . . . | Le siège de Paris. |
| . . . . . . . . . . . . | Les Prussiens en Alsace-Lorraine. |
| . . . . . . . . . . . . | La France armée. |
| **Aulnoy** (d') . . . . . . | Morts héroïques. 1870-1871. |
| **Barbes**. . . . . . . , . | Les traditions nationales. |
| **Boissieu** (de) . . . . . | De chute en chute. |
| **Bouniol** . . . . . . . . | Je politique. |
| **Caussette** (P.) . . . . | Dieu et les malheurs de la France. |
| **Bougaud** (Mgr) . . . . | Le grand péril de l'Eglise de France. |
| **Gaume** (Mgr) . . . . . | Où allons-nous ? |
| **Gresland** . . . . . . . | Populot. Histoire d'une tête et d'une queue. |
| **Margerie** (Am. de) . . | Restauration de la France. |
| **Querdec** (Le) . . . . . | Lettres d'un curé de campagne. |
| **Rondelet**. . . . . . . . | Les réunions publiques. |
| **Sarcus** (Vᵗᵉ de). . . . | Lettres d'un rural, 6 vol. |
| **Toulemont** (P.) s. ᴊ. . | La Providence et les châtiments de **la France**. |

## 6. — HISTOIRE ÉTRANGÈRE.

**Barante** (de). . . . . . Histoire des ducs de Bourgogne, 8 vol.

**Bussierre** (Bᵒⁿ de). . . Histoire de la ligue formée contre Charles le Téméraire.

**Valentin** . . . . . . . . Les ducs de Bourgogne.

**Brachet** (Auguste) . . L'Italie qu'on voit et l'Italie qu'on ne voit pas.

**Valentin** . . . . . . . . Histoire de Venise.

**Lemercier** . . . . . . . Conquête de Grenade.

**Roy** (J. E.). . . . . . . Les Français en Espagne.

**Joantho** (de). . . . . . Don Carlos et les Carlistes.

. . . . . . . . . . . . . Campagnes et aventures d'un volontaire royaliste en Espagne.

**Bénard** (Abbé). . . . . Frédéric II et Voltaire.

**Janssen** (Dʳ). . . . . . L'Allemagne et la Réforme, 2 vol.

**Kannengieser** (Abbé). Catholiques allemands.

**Farcy**. . . . . . . . . . La guerre sur le Danube.

**Galitzin** (Pᶜᵉ Augustin) La Russie au xviiiᵉ siècle.

**Lescœur** (P.) de l'Orat. L'Eglise catholique en Pologne, 2 vol.

**Maistre** (Joseph de). . Quatre chapitres inédits sur la Russie.

— Considérations sur la France.

**Marbeau**. . . . . . . . Slaves et Teutons.

**Poujoulat** . . . . . . . Histoire de la conquête de Constantinople par les Latins.

**Geoffroy** . . . . . . . Gustave III et la cour de France, 2 vol.

**Chantrel** . . . . . . . . Histoire d'Angleterre.

**Markham** . . . . . . . History of England.

**Walter Scott** . . . . . Histoire d'Ecosse, 3 vol.

| | |
|---|---|
| **Chevannes de la Giraudière**. . . . . | L'Irlande, son origine, son histoire et sa situation présente. |
| **Perraud** (Mgr) . . . . | Études sur l'Irlande, 2 vol. |
| . . . . . . . . . . . . | La foi irlandaise. |
| **Lenormant**. . . . . . . | Les évènements de Syrie. |
| **Ménard**. . . . . . . . | Histoire des Etats-Unis d'Amérique. |
| **Fontane** (Marius). . . | La guerre d'Amérique, 2 vol. |
| **Boissonnas** (Mᵐᵉ). . . | Un vaincu. |
| **Rameau** . . . . . . . . | Une colonie féodale en Amérique. |
| **Solis** (de). . . . . . . | Histoire de la conquête du Mexique, 3 vol. |

## 7. — Histoire des sectes.

| | |
|---|---|
| **Witche**. . . . . . . . | Les Albigeois devant l'histoire. |
| **Ricard** (Mgr) . . . . . | Les premiers Jansénistes et Port-Royal. |
| **Dauban** . . . . . . . . | La démagogie en 1793. |
| **Huguet** (P.) . . . . . . | Châtiments terribles des révolutionnaires. |
| **Cartier**. . . . . . . . | Lumière et ténèbres. (Lettres à un franc-maçon.) |
| **Deschamps** (P.)s. ɪ. . | Les sociétés secrètes, 2 vol. |
| **Drumont**. . . . . . . . | La France juive, 2 vol. |
| — | La France juive devant l'opinion. |
| **Fava** (Mgr) . . . . . . | Le secret de la franc-maçonnerie |
| **Gougenet des Mousseaux**. . . . . . . | Le Juif, le judaïsme et la judaïsation des peuples chrétiens. |
| **Lémann** (Abbé Joseph) | L'entrée des Israélites dans la société française. |
| **Moussac** (de) . . . . | La ligue de l'enseignement. |

Saint-André (de) . . . Francs-maçons et Juifs.
Taxil (Léo). . . . . . . Les Frères Trois-Points, 2 vol.
Taxil (Léo) et Verdun. Les assassinats maçonniques.

## 8. — MÉMOIRES.

Abrantès (D<sup>esse</sup> d'). . . Mémoires, publiés par Chambon.
Béarn (C<sup>tesse</sup> de), née Souvenirs de quarante ans. 1789-
   de Tourzel . . . . .    1830.
Beauséjour (de). . . . Mémoires de famille de l'abbé
   Lambert sur la Révolution et
   l'émigration 1791-1799.
Boissieu (de). . . . . . Lettres d'un passant, 2 vol.
Broc (V<sup>te</sup> de). . . . . . Dix ans de la vie d'une femme
   pendant l'émigration.
Carette (Mme) . . . . Souvenirs intimes de la cour des
   Tuileries, 2 vol.
Carné (C<sup>te</sup> de) . . . . Souvenirs de ma jeunesse au temps
   de la Restauration.
Cars (Duc des). . . . . Mémoires de M<sup>me</sup> la duchesse de
   Tourzel, 2 vol.
Hervé-Bazin . . . . . Mémoires et récits de François
   Chéron.
Costa de Beaure-
   gard (M<sup>is</sup>) . . . . . Le roman d'un royaliste.
Beugnot (C<sup>te</sup>). . . . . . Mémoires, 2 vol.
Crétineau-Joly . . . . Mémoires du cardinal Consalvi,
   2 vol.
Duras (D<sup>esse</sup> de) . . . . Journal des prisons de mon père,
   de ma mère, et des miennes.
Falloux (C<sup>te</sup> de) . . . . Mémoires d'un royaliste, 2 vol.

| | |
|---|---|
| **Klinckowström** (B<sup>on</sup> de). | Le comte de Fersen, 2 vol. |
| **Boutaric** . . . . . . et **Campardon** . . . . . | Mémoires de Frédéric II roi de Prusse, 2 vol. |
| **Gontaut** (D<sup>esse</sup> de) . . . | Mémoires. |
| **Hübner** (C<sup>te</sup> de) . . . . | Une année de ma vie. |
| **Ideville** (Henri d'). . . | Journal d'un diplomate en Italie, 2 vol. |
| — | Journal d'un diplomate en Allemagne et en Grèce. |
| **Lescure** (de). . . . . . | Mémoires sur l'émigration. |
| **Broglie** (Duc de) . . . | Le secret du roi. Correspondance secrète de Louis XV avec ses agents diplomatiques. 1752-1774. 2 vol. |
| **Malouet** (B<sup>on</sup>) . . . . . | Mémoires, 2 vol. |
| **Reiset** (C<sup>te</sup> de). . . . . | Lettres inédites de Marie-Antoinette et de Marie-Clotilde de France. |
| **Barghon-Fortrion** . . | Mémoires de Marie-Thérèse, duchesse d'Angoulême. |
| **Ricard** (Mgr) . . . . . | Correspondance diplomatique et mémoires inédits du cardinal Maury, 2 vol. |
| **Motteville** (M<sup>me</sup> de) . | Mémoires sur Anne d'Autriche et sa cour, 4 vol. |
| **Barberey** (de). . . . . | Souvenirs et correspondance du comte de Neuilly. |
| **Hyde de Neuville**(B<sup>on</sup>) | Mémoires et souvenirs, 3 vol. |
| **Pacca** (C<sup>al</sup>). . . . . . . | Mémoires. 2 vol. |
| **Pasquier** (le Chancelier) . . . . . . . . | Mémoires, publiés par le duc d'Audiffret-Pasquier, 4 vol. |
| **Pontmartin** (de). . . . | Lettres d'un intercepté. |
| **Puymaigre** (C<sup>te</sup> de) . . | Souvenirs sur l'émigration, l'Empire et la Restauration. |
| **Récamier** (M<sup>me</sup>). . . . | Souvenirs et correspondance, 2 vol. |
| **Rémusat** (M<sup>me</sup> de). . . | Mémoires, 3 vol. |

| | |
|---|---|
| **Rochechouart** (C^te de) | Souvenirs sur la Révolution, l'Empire et la Restauration. |
| **Rochejaquelein** (M^ise de la) . . . . . . . . | Mémoires publiés par Andrieux, 2 vol. |
| **Hercé** . . . . . . . . . | Un Anglais à Paris : Notes et souvenirs. 1835-1871, 2 vol. |
| **Salamon** (Mgr de) . . | Mémoires inédits de l'internonce à Paris. |
| **Broglie** (Duc de) . . . | Mémoires du prince de Talleyrand, 3 vol. |
| **Thellier de Poncheville** . . . . . . . . | Vieux papiers et vieux souvenirs. (Les lettres de mon grand-père. 1789-1795). |
| **Vaudreuil** (C^te de). . . | Correspondance intime, publiée par Léon Pingaud, 2 vol. |
| **Villèle** (C^te de). . . . . | Mémoires et correspondance, 4 vol. |
| **Vitrolles** (B^on de) . . . | Mémoires et relations politiques, publiés par Forgues, 3 vol. |
| **Barrière** . . . . . . . . | Bibliothèque des mémoires relatifs à l'histoire de France, 2 vol. |
| **Walsh** (V^te) . . . . . . | Souvenirs de cinquante ans, 2 vol. Lettres vendéennes, 2 vol. |
| **Andryane** . . . . . . . | Mémoires d'un prisonnier d'État, 2 vol. |

## 9. — NOTES ET SOUVENIRS MILITAIRES.

| | |
|---|---|
| **Bailliencourt** (G<sup>al</sup> de). | Feuillets militaires. (Souvenirs, notes et correspondances. Italie 1852 — 1862). |
| **Blanc**. . . . . . . . . . | Souvenirs d'un vieux zouave, 2 vol. |
| **Becdelièvre** (de). . . . | Souvenirs de l'armée pontificale. |
| **Bengy** (P. de) s. j. . . | Mémoires d'un aumônier. |
| **Boissonnas** (M<sup>me</sup>) . . . | Une famille pendant la guerre de 1870 - 1871. |
| **Cornudet** (Michel) . . | Journal du siège de Paris. |
| **Droz** (Paul). . . . . . . | Lettres d'un dragon. |
| **Ernouf** (B<sup>on</sup>). . . . . . | Souvenirs militaires d'un jeune abbé, soldat de la République. |
| **Damas** (P. de) s. j. . . | Souvenirs religieux et militaires de la Crimée. |
| — | Souvenirs de captivité. France et Prusse. |
| **Dufor** (P.) . . . . . . . | Mes impressions et confidences d'aumônier des prisonniers en Allemagne. |
| **Fezensac** (Duc de) . . | Souvenirs militaires. 1804-1814. |
| **Jurien de la Gra-** **vière** (A<sup>al</sup>) . . . . . | Souvenirs d'un amiral, 2 vol. |
| **Joinville** (Sire de). . . | Mémoires sur saint Louis. |
| **Joinville** (P<sup>ce</sup> de) . . . | Vieux souvenirs, 1818-1848. |
| **Marbot** (G<sup>al</sup> B<sup>on</sup> de) . . | Mémoires, 3 vol. |
| **Molènes** (Paul de). . . | Les commentaires d'un soldat de Crimée. |
| **Montluc** . . . . . . . . | Commentaires, 4 vol. |
| **Orléans** (Duc d'). . . . | Récits de campagne, 1833-1841. |
| **Oudinot** (M<sup>al</sup>) . . . . . | Le maréchal Oudinot, duc de Reggio, d'après les mémoires de Madame la Maréchale. |

| | |
|---|---|
| **Prampain** (P.) s. J. . . | Souvenirs de Vaugirard pendant le siège de Paris. |
| **Quatrebarbes** (C<sup>te</sup> de) | Souvenirs d'Ancône, siège de 1860. |
| **Randon** (M<sup>al</sup>) . . . . . | Mémoires, 2 vol. |
| **Saint-Arnaud** (M<sup>al</sup> de) | Lettres, 2 vol. |
| **Meissas** (Abbé de) . . | Journal d'un aumônier militaire. |
| **Prétot** (Abbé) . . . . . | Journal d'un aumônier infirmier au corps Cathelineau. |
| **Ségur** (M<sup>is</sup> de) . . . . . | Un aide de camp de Napoléon. 1800 — 1812. |
| . . . . . . . . . . . . . | Souvenirs d'un officier du 2<sup>e</sup> zouaves. |
| **XXX.** . . . . . . . . . . | Souvenirs d'un officier de chasseurs à pied. |

# V. — BIOGRAPHIE

## 1. — SAINTS.

**Bénédictins** (Pères). .    Les actes des martyrs, 4 vol.
**Boero** (P.) s. j. . . . .    Les martyrs du Japon, béatifiés par le Pape Pie IX.
**Brière** (de la) . . . . .    Les Saints dans le monde.
**Chapiat** (Abbé) . . . .    Le saint de chaque jour.
**Choullier** (Abbé) . . .    Les jeunes saints.
**Daras** (Abbé) . . . . .    Les chrétiens à la cour de Dioclétien.
—    Les saints et les bienheureux du XVIIIᵉ siècle, 2 vol.
—    Vie des Saints pour tous les jours de l'année, 4 vol.
**Duplus** (Abbé). . . . .    Vie des saints du diocèse de Dijon.
**Godescard** (Abbé). . .    Vie des Pères et des martyrs, 12 vol.
**Grossez** . . . . . . . .    La vie des saints.
**Guérin** (Mgr) . . . . .    Les petits Bollandistes, 17 vol.
**Hahn-Hahn** (Cᵗᵉˢˢᵉ **Ida**)    Les martyrs, 2 vol.
**Hattler** (P.) s. j. . . .    Le jardin des enfants.
**Liguori** (Sᵗ Alphonse de) . . . . . . . . .    Victoires des martyrs.
**Marin** (P.) (O. M) . .    Vie des Pères dans les déserts d'Orient, 8 vol.
**Profillet** (Abbé). . . .    Les saints militaires, 6 vol.
**Rio** . . . . . . . . . . .    Les quatre Martyrs.
**Rouvier** (P.) s. j. . . .    Les saints Confesseurs et Martyrs de la Cⁱᵉ de Jésus.

| | |
|---|---|
| **Cépari** (P.) s. J. . . . | Saint Jean Berchmans. |
| . . . . . . . . . . . . | Le parfait modèle ou vie de Berchmans. |
| **Chevallier** (Abbé). . . | Histoire de St Bernard, 2 vol. |
| **Bonnefon** (de) . . . . . | La politique d'un saint (centenaire de St Bernard). |
| **Néander** . . . . . . . . | Histoire de St Bernard. |
| **Ratisbonne** (de). . . . | St Bernard et son siècle, 2 vol. |
| **Vacandard** (Abbé) . . | Vie de St Bernard, abbé de Clair- vaux, 2 vol. |
| . . . . . . . . . . . | Histoire de St Bernard. |
| **Bibliothèque cister- cienne** . . . . . . . | Vie de St Bernard, 3 vol. |
| . . . . . . . . . . . | Le huitième centenaire de St Ber- nard. (Panégyriques). |
| **Séguin** (P.) s. J. . . . | Vie merveilleuse du Vénérable Père Bernardin Réalino. |
| **Berthaumier** (Abbé) . | Histoire de St Bonaventure. |
| **Gabourd** . . . . . . . | Vie de saint Charles Borromée. |
| **Alet** (P.) s. J. . . . . . | Le bienheureux P. Canisius, S. J. |
| **Pouplard** (P.) s. J. . . | Vénérable P. Claude de la Colom- bière, S. J. |
| **Séguin** (P.) s. J. . . . . | Histoire du Vénérable P. Claude de la Colombière. |
| **Charrier** (P.) s. J. . . | Histoire du Vénérable Père Claude de la Colombière, 2 vol. |
| **Rambuteau** (C<sup>tesse</sup> de). | Le bienheureux Colombini. |
| **Montalembert** . . . . | Saint Columba. |
| **Bard** (P. de) . . . . . . | Le saint joyeux ou vie du bienheu- reux Crispino de Viterbe. |
| **Collombet** . . . . . . . | Histoire de la vie et du temps de S. Cyprien. |
| **Lacordaire** (P.) o. p. | Vie de saint Dominique. |
| **Drane** (M.) . . . . . . | Histoire de saint Dominique. |
| **Fiévet** (Abbé) . . . . . | Saint Eleuthère, évêque de Tournai. |
| **Dalgairns** (P.) de l'Orat. . . . . . . . | Histoire de saint Etienne Harding. |

| | |
|---|---|
| **Bibliothèque cistercienne** . . . . . . | Vie de saint Etienne Harding. |
| **Calixte** (P.) o. s. t. . | Vie de saint Félix de Valois. |
| **Chavin de Malan** . . | Histoire de saint François d'Assise. |
| **Daurignac**. . . . . . | Histoire de saint François d'Assise. |
| **Monnier** (Abbé le). . . | Histoire de saint François d'Assise, 2 vol. |
| **Ségur** (de) . . . . . . . | Histoire populaire de saint François d'Assise. |
| **Bibliothèque cistercienne** . . . . . . | Vie de saint Famien. |
| **Daurignac**. . . . . . | Histoire de saint François de Borgia, S. J. |
| . . . . . . . . . . . . | La vie de St François de Borgia, 2 vol. |
| **Pitra** (Cᵃˡ) . . . . . . . | Vie du Vénérable Père François-Marie-Paul Libermann. |
| **Hamon** (Abbé) . . . . . | Vie de saint François de Sales, 2 vol. |
| **Marsollier** (de) . . . . | Vie de saint François de Sales. |
| **Ségur** (Anatole de) . . | Histoire de saint François de Sales. |
| — | Saint François de Sales, apôtre et Docteur. |
| **Sénéquier**.. . . . . . . | Vie de saint François de Paule. |
| **Curley** (P. de) s. j. . . . | Saint François Régis, prêtre de la Cⁱᵉ de Jésus. |
| **Cros** (P.) s. j. . . . . . | Saint François Régis de la Cⁱᵉ de Jésus. |
| **Daurignac**. . . . . . | Histoire de saint Jean François Régis. |
| **Bouhours** (P.) s. j. . . | Vie de saint François Xavier, S. J. 2 vol. |
| **Daurignac**. . . . . . | Histoire de saint François Xavier. |
| **Chevallier** (Abbé). . . | Guillaume le Vénérable, abbé de saint Bénigne de Dijon. |
| **Bartoli** (P.) s. j. . . . | Histoire de saint Ignace, 2 vol, |
| — | Histoire de saint Ignace de Loyola, 2 vol. |
| **Bouhours** (P.) s. j. . . . | Vie de saint Ignace. |

| | |
|---|---|
| **Clair** (P.) s. J. . . . . . | Vie de saint Ignace de Loyola, d'après le P. Ribadeneira S. J., compagnon du saint. |
| **Genelli** (P.) s. J. . . . | Vie de saint Ignace, traduite par Sainte-Foi, 2 vol. |
| **Gouilloud** (P.) s. J. . | Saint Irénée et son temps. |
| **Razy** . . . . . . . . . | Saint Jean-Baptiste. |
| **Mougeot** (Abbé). . . . | Vie du bienheureux J.-B<sup>te</sup> de Rossi. |
| **Ravelet** . . . . . . . . | Histoire du bienheureux Jean-Baptiste de la Salle. |
| **Razy** . . . . . . . . . . | Saint Jean de la Croix. |
| **Saglier** (Abbé). . . . . | Vie de saint Jean de Dieu. |
| **Doré** (P. le) du S. C. . | Le Vénérable Jean Eudes. |
| . . . . . . . . . . . . . | Vie du bienheureux Jean-Gabriel Perboyre. |
| **Boitel** (Abbé) . . . . . | Histoire du bienheureux Jean, surnommé l'Humble. |
| **Lambel** (C<sup>te</sup> de) . . . . | Saint Jérôme. |
| **Sainte-Foi** (Charles) . | Vie du Vénérable Joseph Anchieta, S. J. |
| **Gastaldi** (P.) o. M. . . | Le miracle de la charité ou la vie du Vénérable Joseph-Benoît-Cottolengo. |
| **Labosse** (Abbé) . . . . | Histoire de saint Laurent. |
| **Labis** (Abbé). . . . . . | Vie de saint Léonard de Port-Maurice. |
| **Bury** (de). . . . . . . . | Histoire de saint Louis, roi de France. |
| **Cros** (P.) s. J. . . . . . | Vie intime de saint Louis. |
| **Walsh** (V<sup>te</sup>) . . . . . . | Saint Louis et son siècle. |
| **Cépari** (P.) s. J. . . . | Vies de saint Louis de Gonzague, et de saint Stanislas Kostka, s. J. . |
| **Clair** (P.) s. J. . . . . . | Vie de saint Louis de Gonzague, d'après Cépari. |
| **Daurignac**. . . . . . . | Histoire de saint Louis de Gonzague. |
| **Pauvert** (Abbé) . . . . | Vie du Vénérable Louis-Marie Grignon de Montfort. |

| | |
|---|---|
| Bibliothèque cister- cienne . . . . . . . | Vie de saint Malachie. |
| Deschamps (P.) s. j. . | L'apôtre saint Martial. |
| Dupuy. . . . . . . . . | Histoire de saint Martin. |
| Montrond (de). . . . . | Saint Martin, évêque de Tours. |
| Wœstine (de). . . . . | Vie de saint Martin. |
| . . . . . . . . . . . . | Vie de saint Martin. |
| Lagrange (Mgr) . . . | Histoire de saint Paulin de Nole. |
| Daurignac. . . . . . . | Histoire du bienheureux Pierre Canisius, S. J. |
| Fleuriau (P.) s. j. . . | Saint Pierre Claver, S. J. |
| Prat (P.) s. j. . . . . . | Le bienheureux Pierre Lefebvre, S. J. |
| Besancenet (de). . . . | Le bienheureux Pierre Fourier. |
| Bayle (Abbé) . . . . . | Histoire de saint Philippe de Néri. |
| Flavigny (C^{tosse} de) . . | Le bienheureux Pierre Fourier. |
| Capécélatro (C^{al}) . . . | Vie de saint Philippe de Néri, 2 vol. |
| Falloux (C^{te} de). . . . | Histoire de saint Pie V, 2 vol. |
| Gouilloud (P.) s. j. . . | Saint Pothin et ses compagnons martyrs. |
| Bayonne (P.) o. p. . . . | Le bienheureux Réginald. |
| Bibliothèque cister- cienne . . . . . . . | Vies de saint Robert et de saint Albéric. |
| Suau (P.) s. j. . . . . | Les bienheureux martyrs de Salsette, Rodolphe d'Acquaviva et ses compagnons. |
| Ledoux (P.) s. j. . . . | Histoire des sept saints fondateurs de l'ordre des Servites de Marie. |
| Chaix (Abbé) . . . . . | Saint Sidoine Apollinaire et son siècle, 2 vol. |
| Gaveau (Abbé) . . . . | Vie de saint Stanislas Kostka, S. J. 2 vol. |
| Prévost (Le). . . . . . | Le martyre de saint Tharcisius. |
| Bareille (Abbé) . . . . | Histoire de saint Thomas d'Aquin. |
| Darboy (Mgr). . . . . | Histoire de saint Thomas Becket, 2 vol. |

| | |
|---|---|
| . . . . . . . . . . . . . | Histoire de saint Thomas Becket. |
| **Robert** (Abbé). . . . . | Le bienheureux Thomas Morus. |
| **Huillier** (Dom l') o. b. | Saint Thomas de Cantorbéry, 2 vol. |
| **Walter** . . . . . . . . . | Vie du bienheureux Thomas Hélye. |
| **Chabannes** (B<sup>onne</sup> de) . | Histoire de saint Thomas Becket. |
| **Bérengier** (Dom) o. b. | Vie de saint Turibe. |
| **Bayle** (Abbé) . . . . . | Vie de saint Vincent Ferrier. |
| **Fages** (P.) o. p. . . . . . | Histoire de saint Vincent Ferrier, 2 vol. |
| **Bougaud** (Mgr) . . . . | Histoire de saint Vincent de Paul, 2 vol. |
| **Collet** (Abbé) . . . . . | Vie abrégée de saint Vincent de Paul. |
| **Maynard** (Abbé) . . . | Vie de saint Vincent de Paul. |
| **Sénéquier** . . . . . . . | Vie de saint François de Paule. |

## 2. — Saintes

| | |
|---|---|
| **Martin (A**bbé). . . . . | Les vierges martyres, 2 vol. |
| **Collin de Plancy**. . . | Vie des Saintes et des Bienheureuses pour tous les jours de l'année, 2 vol. |
| . . . . . . . . . . . . . | Histoire de sainte Adélaïde. |
| **Belloc** (de). . . . . . | Sainte Agnès et son siècle. |
| **Bouix** (P.) s. j. . . . . | Vie de la vénérable Mère Anne de Saint Barthélemy. |
| **Boucher** . . . . . . . . | Madame Acarie. |
| **Ussel** (M<sup>me</sup> d'). . . . . | La vénérable Mère Agnès de Jésus. |
| . . . . . . . . . . . . . | Vie de la vénérable Sœur Anathoile-Françoise Thoulier. |
| **Postel** (Mgr). . . . . | Histoire de sainte Angèle Mérici et de tout l'ordre des Ursulines. 2 vol. |

| | |
|---|---|
| **Baunard** (Mgr) . . . . | Histoire de M<sup>me</sup> Barat, 2 vol. |
| **Nisard** (Théodore) . . | Histoire de la reine Blanche, mère de saint Louis. |
| **Flavigny** (C<sup>tesse</sup> de) . . | Sainte Brigitte, reine de Suède. |
| . . . . . . . . . . . . | Vie de sainte Brigitte de Suède, 2 vol. |
| **Allibert** . . . . . . . . | Vie de sainte Catherine de Sienne. |
| **Bussière** (V<sup>te</sup> de) . . . | Vie et œuvres de sainte Catherine de Gênes. |
| . . . . . . . . . . . . | Vie de sainte Catherine de Gênes. |
| **Allibert** . . . . . . . . | Vie de sainte Catherine de Ricci. |
| **Bayonne** (P.) o. p. . . | Vie de sainte Catherine de Ricci, 2 vol. |
| **Flavigny** (C<sup>tesse</sup> de) . . | Sainte Catherine de Sienne. |
| **Guéranger** (Dom) o. b. | Sainte Cécile et la société romaine. |
| **Thiesson** (Abbé). . . . | Histoire de sainte Cécile. |
| **Postel** (Mgr). . . . . . | Histoire de la vénérable Marie-Christine de Savoie. |
| **Demore** (Abbé) . . . . | Vie de sainte Claire d'Assise. |
| **Madrid** (P. de) o. s. . | Vie de sainte Claire d'Assise. |
| **Gay** (P.) s. m. . . . . . | Sainte Clotilde et les origines chrétiennes de la nation française. |
| . . . . . . . . . . . . . | Vie de sainte Clotilde, reine de France. |
| **Bizouard** (Abbé) . . . | Histoire de sainte Colette et des Clarisses en Bourgogne. |
| — | Histoire de sainte Colette et des Clarisses en Franche-Comté. |
| — | Histoire de sainte Colette. |
| **Corbie** (de). . . . . . . | Vie de sainte Colette. |
| **Douillet** (Abbé) . . . . | Sainte Colette. |
| **Sellier** (P.) s. j. . . . . | Vie de sainte Colette, 2 vol. |
| **Montalembert**. . . . . | Histoire de sainte Elisabeth, 2 vol. |
| **D. S.** . . . . . . . . . . | Histoire de sainte Elisabeth. |
| **Bouffier** (P.) s. j. . . . | La vénérable Taïgi. |
| **Richard** (Abbé). . . . | Vie de la bienheureuse Françoise d'Amboise, 2 vol. |

| | |
|---|---|
| **Fullerton** (Lady) . . . | Vie de sainte Françoise Romaine. |
| **Ponneraye** (Zoé de la). | Histoire de sainte Françoise Romaine. |
| . . . . . . . . . . . | Histoire de sainte Geneviève. |
| **Guérin** . . . . . . . . | Sainte Germaine Cousin. |
| **Knoblich** (Abbé) . . . | Histoire de sainte Hedwige. |
| **Toupin** (Abbé) . . . . . | Histoire de sainte Hélène, mère de l'empereur Constantin. |
| **Ayroles** (P.) s. j. . . . | Jeanne d'Arc sur les autels et la régénération de la France. |
| — | La vraie Jeanne d'Arc. La pucelle devant l'Eglise de son temps. |
| — | La vraie Jeanne d'Arc. La paysanne et l'inspirée. |
| . . . . . . . . . . . | Recueil des panégyriques de Jeanne d'Arc ; souvenir des fêtes de Mai à Orléans depuis le 17e siècle jusqu'en 1894. 2 vol. |
| **Bourbon - Lignières** (Cte de) . . . . . . | Etude sur Jeanne d'Arc. |
| **Barante** (de) . . . . . | Histoire de Jeanne d'Arc |
| **Chabannes** (Ctesse de) . | La vierge de Lorraine, Jeanne d'Arc. |
| **Marie-Edmée**. . . . . | Histoire de notre petite sœur Jeanne d'Arc. |
| **Gœrres** (Guido). . . . | Vie de Jeanne d'Arc. |
| **Guillemin** . . . . . . . | Jeanne d'Arc, l'épée de Dieu. |
| **Laboulaye** (Mme E. de) | Vie de Jeanne d'Arc. |
| **Marin** (le Capne). . . . | Jeanne d'Arc, tacticien et stratégiste. |
| **Mourot** (Abbé). . . . . | Jeanne d'Arc, modèle des vertus chrétiennes, 2 vol. |
| **Sepet** (Marius). . . . . | Jeanne d'Arc. |
| **Ricard** (Mgr) . . . . . | Jeanne d'Arc, la vénérable. |
| **Wallon**. . . . . . . . | Jeanne d'Arc, 2 vol. |
| **Bougaud** (Mgr) . . . . | Histoire de sainte Chantal, 2 vol. |
| **Daurignac**. . . . . . . | Sainte Jeanne-Françoise de Chantal. |

| | |
|---|---|
| **Cornet** (Abbé) . . . . . | Vie de la vénérable Jeanne de Jésus. |
| **Bourassé** (Abbé) . . . | Vie de la bienheureuse Jeanne de Maillé. |
| **Hébrard** (Abbé). . . . | Sainte Jeanne de Valois. |
| **Coudurier** (Abbé). . . | Vie de la bienheureuse Lidwine. |
| **Gillet** (Abbé). . . . . . | La vénérable Louise de France, fille de Louis XV. |
| . . . . . . . . . . . | Vie de la Révérende Mère Thérèse de Saint-Augustin, 2 vol. |
| **Gobillon** . . . . . . . | Vie de la vénérable Louise de Marillac. |
| **Beaugrand** . . . . . . | Sainte Lucie. |
| **Bibliothèque cistercienne** . . . . . . | Vie de sainte Lutgarde. |
| **Cépari** (P.) s. J. . . . | Vie de sainte Madeleine de Pazzi, 2 vol. |
| **Pauthe** (Abbé). . . . . | Histoire de sainte Marcelle. |
| **Boero** (P.) s. J. . . . . | Vie de la bienheureuse Marianne de Jésus. |
| **Olivier** (Abbé). . . . . | Vie de la vénérable Marie-Christine de Savoie. |
| **Saint-André** (P. de) o. s. . . . . . . . . | Vie de la bienheureuse Marie des Anges. |
| **Labis** (Abbé). . . . . . | Abrégé de la vie de la bienheureuse Marie des Anges. |
| **Boucher** (Abbé) . . . . | Histoire de la bienheureuse Marie de l'Incarnation. |
| **Bouix** (P.) s. J. . . . . | Vie de la bienheureuse Marie de l'Incarnation. |
| **Valuy** (P.) s. J. . . . . | Sainte Marie-Madeleine. |
| **Bergier** (Abbé) . . . . | Vie de sainte Marguerite de Cortone. |
| **Boulangé** (Abbé) . . . | Vie de Marguerite - Marie Alacoque. |
| **Bougaud** (Mgr) . . . . | Histoire de la bienheureuse Marguerite-Marie. |

| | |
|---|---|
| **Cucherat**(Abbé). . . . | Histoire populaire de la bienheureuse Marguerite-Marie Alacoque. |
| **Daniel** (P.) s. j. . . | Histoire de la bienheureuse Marguerite-Marie. |
| **Daras** (Abbé) . . . . . | Vie de la bienheureuse Marguerite-Marie Alacoque. |
| **Languet** (Mgr). . . . . | Vie de la vénérable Mère Marguerite-Marie, rééditée par Mgr Perraud. |
| **Cissey** (Louis de) . . . | La vénérable Marguerite du Saint Sacrement. |
| **Fliche** (Mgr). . . . . . | Vie de la vénérable Sœur Marguerite du Saint Sacrement. |
| **Bougaud** (Mgr) . . . . | Histoire de sainte Monique. |
| . . . . . . . . . . . . . | Histoire de sainte Monique. |
| . . . . . . . . . . . . . | Vie de sainte Monique. |
| **Elissalde - Castremont** (d'). . . . . . | Histoire de l'introduction du christianisme sur le continent russe et vie de sainte Olga. |
| **Lagrange** (Mgr). . . . | Histoire de sainte Paule. |
| **Bussière** (Vte de) . . . | Histoire de sainte Radegonde. |
| **Quillot** (Abbé). . . . . | Sainte Reine. |
| **Bussière** (Vte de) . . . | Le Pérou et sainte Rose de Lima. |
| . . . . . . . . . . . . . | Histoire de sainte Térèse, d'après les Bollandistes, 2 vol. |
| **Estienne d'Orves** (Ctosse d') . . . . . | Sainte Térèse. |
| **Ribera** (P.) s. j. . . . | Vie de sainte Térèse. |
| **Villefore** (de) . . . . . | Vie de sainte Térèse. |
| **Bibliothèque cistercienne** . . . . . . . | Vie de la vénérable Véronique Laparelli de Cortone. |

## 3. — PRÊTRES ET RELIGIEUX.

**Sainte-Foi**. . . . . . . Vie du P. Jean d'Almeida.

**Pont** (P. Louis du) s. J. Vie du P. Balthasar Alvarez.

**Moccand** (Abbé). . . . Le Père Charles Antoniewicz, 2 vol.

**Lyonnet** (Mgr). . . . . Histoire de Mgr d'Aviau du Bois-de-Sanzay, 2 vol.

**Chazournes** (P. de). . Vie du R. P. Joseph Barelle, 2 vol.

**Regnault** (P.) s. J. . . Christophe de Beaumont, archevêque de Paris, 2 vol.

**Claessens** (P.). . . . . Vie du P. Bernard.

**Houssaye** (Abbé). . . Le Père de Bérulle et l'Oratoire de Jésus.

     —          M. de Bérulle et les Carmélites de France.

     —          Le cardinal de Bérulle et le cardinal de Richelieu.

**Cartier**. : . . . . . . . Vie du P. Hyacinthe Besson, O. P.

**Besson** (Mgr) . . . . . Vie du cardinal de Bonnechose, 2 vol.

**Boys** (du) . . . . . . . Dom Bosco et la pieuse société des Salésiens.

**Capécelatro** (Cal). . . Vie du Père Bocco, de l'ordre des Frères-Prêcheurs.

**Espiney** (d'). . . . . . Dom Bosco

**Villefranche** . . . . . Vie de dom Bosco.

**Bausset** (Cal de) . . . Histoire de Bossuet.

**Doncieux** . . . . . . . Le Père Bouhours.

**Ricard** (Mgr) . . . . . Vie de Mgr de La Bouillerie.

**Lauras** (P.) s. J. . . . Bourdaloue, sa vie et ses œuvres, 2 vol.

**Martin** (P.) s. J. . . . Le Père Jean de Brébeuf.

| | |
|---|---|
| **Hulst** (Mgr d'). . . . . | Vie de Just de Bretenières. |
| **X**... . . . . . . . . . . . | Mgr Alexis Canoz, S. J., vicaire apostolique du Maduré. |
| **Orhand** (P.) s. J. . . . | Un admirable inconnu, le Père Etienne de Carheil, S. J. |
| **Daurignac**. . . . . . . | Vie du P. Clément Cathary. |
| **Déchelette** (Abbé). . . | Vie du cardinal Caverot. |
| **Martin** (P.) s. J. . . . . | Autobiographie du P. Chaumonot. |
| **Hamon** (Abbé. . . . . | Vie du Cardinal de Cheverus. |
| . . . . . . . . . . . . . . | Vie du P. Ignace Chomé. |
| **Daniel** (P.) s. J. . . . . | Alexis Clerc, S. J. |
| **Terrien** (P.) s. J. . . . | Histoire du R. P. de Clorivière, S. J. |
| **Ricard** (Mgr) . . . . . | L'abbé Combalot. |
| **Craven** (M^me^) . . . . . | Le Père Damien, O. P. |
| **Tauvel**. . . . . . . . . | Vie du Père Damien, l'apôtre des lépreux de Molokaï. |
| **Foulon** (Mgr) . . . . . | Histoire de la vie et des œuvres de Mgr Darboy. |
| **Leboucq** (Dom). . . . | Mgr Edouard Dubar, S. J., vicaire apostolique du Tché-ly. |
| **Daniel**<br>et   (P.) s. J. . .<br>**Mercier** | Léon Ducoudray, S. J., martyr de la Commune. |
| **Lagrange** (Mgr) . . . | Vie de Mgr Dupanloup, 3 vol. |
| **Falloux** (C^te^ de). . . . | L'évêque d'Orléans. |
| **Prouvèze** (Abbé) . . . | Gabriel Durand, 2 vol. |
| . . . . . . . . . . . . . . | Vie de M^r^ Emery, 2 vol. |
| . . . . . . . . . . . . . . | Vie de M^r^ Etienne. |
| **Bowden** . . . . . . . . | Vie et lettres du Père Frédéric-William Faber, 2 vol. |
| **Castaing** (Abbé). . . . | Vie de Mgr Faurie. |
| **Jenner** (P.) s. J. . . . . | Le P. Félix, S. J. |
| **Bausset** (C^al^ de). . . . | Histoire de Fénelon, 4 vol. |
| **Broglie** (E. de) . . . . | Fénelon à Cambrai. |
| **Roy** (J. E.). . . . . . . | Histoire de Fénelon, archevêque de Cambrai. |

| | |
|---|---|
| **Delacroix** (Abbé). . . | Histoire de Fléchier, 2 vol. |
| **Fabre** (Abbé) . . . . . | La jeunesse de Fléchier, 2 vol. |
| **Chazournes**(P. de) s.j. | Albéric de Foresta, S. J. |
| **Cornut** (P.) s. j. . . . . | Mgr Freppel. |
| **Ricard** (Mgr) . . . . . | Mgr Freppel. |
| **Teysseyre** (Abbé). . . | Histoire d'un héros. Vie de Mgr Galibert, évêque d'Eno. |
| **Mauduit** (Abbé). . . . | Un saint et savant Breton, le P. Le Gall. S. J. |
| **Burnichon** (P.) s. j. . | Vie du P. François-Xavier Gautrelet, S. J. |
| **Forbes** (P. James) s. j. | Mémoires du P. Gérard, S. J. |
| **Ricard** (Mgr).. . . . . | L'école menaisienne : Gerbet et Salinis. |
| **Fouinet** . . . . . . . . | Gerson. |
| **Martin** (Abbé). . . . . | Vie de Mr Gorini. |
| **Dufour** (Abbé). . . . . | Vie de Paul-Jean Granger, S. J. |
| **Branchereau** (Abbé). | Vie de M. Hamon, curé de saint Sulpice. |
| **Sylvain** (Abbé) . . . . | Vie du R. P. Hermann. |
| . . . . . . . . . . . . . | L'abbé Hetsch. |
| **Champion** (P.) s. j. . . | Vie du P. Vincent Huby, de M<sup>elle</sup> de Francheville, de M. de Kerlivio. |
| **Cormier** (P.) o. p. . . | Vie du R<sup>me</sup> Père Alexandre-Vincent Jandel, O. P. |
| **Prat** (P.) s. j. . . . . . | Le Père Claude Le Jay, S. J. |
| **Séjourné** (P.) s. j. . . | Le Père Jeantier, S. J. |
| **Martin** (P.) s. j. . . . | Le Père Isaac Jogues, S. J. |
| **Charruau** (P.) s. j. . . | Le Père Pierre Labonde. |
| **Chocarne** (P.) o. p. . . | Le Père Lacordaire, O.P.,2 vol. |
| **Foisset** . . . . . . . . | Vie du Père Lacordaire, 2 vol. |
| **Ricard** (Mgr) . . . . . | Lacordaire. |
| — | L'école menaisienne : Lamennais. |
| **Broglie** (Em. de) . . . | Mabillon et la Société de l'abbaye de Saint Germain des Prés, 2 vol. |
| **Mury** (P.) s. j. . . . . | Histoire de Gabriel Malagrida, S.J. |

| | |
|---|---|
| **Lemire** (Abbé). . . . . | Le Cardinal Manning et son action sociale. |
| **Dambrine** . . . . . . . | Félix Marie, missionnaire. |
| **Villefranche** . . . . . | Vie de dom Marie-Augustin. |
| **Pruvost** (P.) s. j. . . . | Vie de Gustave Martini, S. J. |
| **Blampignon** (Abbé). . | L'épiscopat de Massillon. |
| **Besson** (Mgr) . . . . . | Vie du Cardinal Mathieu, 2 vol. |
| **Timon-David** (Abbé) . | La vie du serviteur de Dieu, Louis Maulbon d'Arbaumont, en religion le P. Jean. |
| **Ricard** (Mgr) . . . . . | Mgr de Mazenod, évêque de Marseille. |
| **Belloc** (de). . . . . . . | Le Cardinal Mermillod. |
| **Besson** (Mgr) . . . . . | Frédéric-François-Xavier de Mérode. |
| **Clair** (P.) s. j. . . . . . | Le P. Millériot, S. J. |
| **Brullé** (Abbé) . . . . . | Vie du P. Muard. |
| **Chère** (Abbé) . . . . . | Vie de F. Néron, missionnaire. |
| **Bérengier** (Dom). . . | Vie du Cardinal Odescalchi. |
| **Forbes** (P.) s. j. .. . . | Martyre de Jean Ogilvie, S. J. |
| — | Missionnaire catholique en Angleterre. |
| **Clair** (P.) s. j. . . . . . | Pierre Olivaint, S. J. |
| **Gratry** (P.) de l'Orat. | Henri Perreyve. |
| **Poujoulat** . . . . . . . | Vie du Frère Philippe. |
| **Baunard** (Mgr) . . . . | Histoire du Cardinal Pie, 2 vol. |
| **Bouffier** (P.) s. j. . . . | Vie du P. Pignatelli, S. J. |
| **Cabrol** (Dom) . . . . . | Histoire du Cardinal Pitra. |
| **Clastron** (Abbé). . . . | Vie de Mgr Plantier, 2 vol. |
| **Mercier** (P.) s. j. . . . | Marin et Jésuite.— Vie et voyages de François de Plas, S. J. 1809-1888. |
| **Gabriac** (P. de) s. j. . | Vie du P. de Ponlevoy, S. J. |
| — | Opuscules et lettres du Père de Ponlevoy, 2 vol. |
| **Delaporte** (P.). . . . . | Vie du R. P. Jean-Baptiste Rauzan. |

| | |
|---|---|
| **Ponlevoy** (P. de) s. j. | Vie du P. de Ravignan, 2 vol. |
| **Poujoulat** . . . . . . . | Le Père de Ravignan. |
| **Bersange** (Abbé) . . . | Dom François Régis. |
| . . . . . . . . . . . . . . | M^r l'abbé Rencker. |
| **Prat** (P.) s. j. . . . . . | Histoire du Père Ribadeneyra, S. J. |
| **Dussieux** . . . . . . . | Le cardinal de Richelieu. |
| . . . . . . . . . . . . . | Vie du P. Louis St-Cyr, S. J. |
| **Bayonne** (P.) o. p. . . | Etude sur Jérôme Savonarole, O. P. |
| **Pitray** (V^tesse de) . . . | Mon bon Gaston. |
| **Ségur** (M^is de) . . . . . | Mgr de Ségur. — Souvenirs et récits d'un frère, 2 vol. |
| . . . . . . . . . . . . . . | Le Père Charles Sire, S. J. |
| **Longhaye** (P.) s. j. . . | Henri Tricard, S. J. |
| **Dehaisne** (Abbé) . . . | Vie du Père Nicolas Trigault. |
| **Guidée** (P.) s. j. . . . . . | Vie du Père Joseph Varin, S. J. |
| .. . . . . . . . . . . . | Vie et correspondance de J. Théophane Vénard. |
| **Monnin** (Abbé) . . . . | Le curé d'Ars, 2 vol. |
| **Héfélé** (Mgr) . . . . . | Le cardinal Ximénès et l'Eglise d'Espagne aux xv^e et xvi^e siècles. |
| **Coëtlosquet** (P. du) s. j. . . . . . . . . . | Théodore Wibaux, S. J. |
| **Jaunay** . . . . . . . . | Histoire des évêques et archevêques de Paris. |
| **Calixte**. . . . . . . . | Fleurs du désert. |
| **Meignan** (Abbé) . . . . | Un prêtre déporté en 1792. |
| **Montenuis** (Abbé) . . . | L'âme d'un missionnaire. |
| **Guidée** (P.) s. j. . . . . . | Notices historiques sur quelques membres de la Société des Pères du Sacré-Cœur et de la C^te de Jésus, 2 vol. |
| **Renard** (Abbé) . . . . | Un martyr en Corée. |
| **Ponlevoy** (P. de) s. j. | Actes de la captivité et de la mort des Pères martyrs sous la Commune. |
| **Ségur** (M^is de) . . . . . | Une victime de la Constitution civile du clergé. |

## 4. — RELIGIEUSES.

| | |
|---|---|
| **Daras** (Abbé) . . . . . | Petites fleurs du cloître. |
| **Berthold**. . . . . . . . | Vie de la Mère Anne de Jésus, 2 vol. |
| **Sales** (Mgr Auguste de) | Vie de la Mère Marie-Aimée de Blonay. |
| **Martin** (Abbé). . . . . | Vie de M^{me} de Bonnault d'Houet. |
| **Veuillot** (Louis). . . . | Vie de la Mère Anne-Séraphine Boulier, religieuse de la Visitation. |
| . . . . . . . . . . . . . . | Les deux filles de sainte Chantal. |
| . . . . . . . . . . . . . . | Alix Le Clerc, Mère Thérèse de Jésus, 2 vol. |
| **Laplace** (Abbé) . . . . | Une vocation : Marie de Courtebourne. |
| **Baunard** )Mgr) . . . . | Histoire de Madame Duchesne-Périer. |
| **Materne** (Abbé). . . . | Vie de la Mère Aldegonde du Saint-Esprit. |
| **Gaveau** (Abbé). . . . . | Sœur Eugénie ou la vie et les lettres d'une Sœur de Charité. |
| . . . . . . . . . . . . . . | Vie de la R. Mère Marie-Anne de la Fruglaye, 2 vol. |
| . . . . . . . . . . . . . . | Vie de la Mère Marguerite Mallahan. |
| **Richaudeau** (Abbé). . | Vie de la R. Mère Marie de l'Incarnation, ursuline. |
| . . . . . . . . . . . . . . | Vie de la R. Mère saint Jérôme |
| **Corbinière** (M^{me} de la) | Jeanne Jugan. |
| . . . . . . . . . . . . . . | Vie de Marie Lataste. |
| **Verdalle** (Abbé de) . . | Vie de Marie-Marguerite de Lézeau, 2 vol. |

| | |
|---|---|
| . . . . . . . . . . . | Vie de Madame Louise Mallac. |
| . . . . . . . . . . . | Vie de la Mère Jeanne de Matel. |
| . . . . . . . . . . . | Gertrude de Montagu. |
| **Gaveau** (Abbé) . . . . | Sœur Maria. |
| **Craven**(M^{me} Augustus) | La Sœur Natalie Narischkin. |
| **S^t-Germain** (P. de) . . | Vie de la Sœur Marie Ock. |
| **Petit** (Abbé) . . . . . . | Vie de la Mère Antoinette d'Orléans. |
| **Frédault** (D^r) . . . . . | Vie de la Mère saint Paul, Zélie Zéphirine Babey. |
| **Janvier** (Abbé) . . . . | Vie de la Sœur Saint-Pierre. |
| **Monnin** (P.) s. J. . . . | Notice sur la R. Mère Marie de la Providence, fondatrice de la Société des religieuses auxiliatrices des âmes du Purgatoire. |
| . . . . . . . . . . . | Anne-Madeleine Rémuzat. |
| . . . . . . . . . . . | Valentine Riant. |
| **Melun** (V^te de) . . . . . | Vie de la Sœur Rosalie. |
| **Loth** (Arthur) . . . . . | Sœur Rose, sa vie et son œuvre. |
| **Leymont** (de) . . . . . | Madame de Sainte-Beuve. |
| **Ménard** (Abbé) . . . . | La Mère Elisabeth de Surville. |
| **Bersange** (Abbé) . . . | Madame du Bourg, fondatrice de la Congrégation du Sauveur et de la Sainte Vierge. |
| **Houssaye** (Abbé) . . . | Vie de la R. Mère Thérèse de Jésus, Xavérine de Maistre. |
| **Hulst** (Abbé d') . . . . | Vie de la Mère Marie-Thérèse, fondatrice de la Congrégation de l'Adoratrion réparatrice. |
| **Colet** (Mgr) . . . . . . | Vie de la mère Elisabeth de la Trinité. |
| **Veuillot** (Louis). . . . | Vie des premières religieuses de la Visitation Ste-Marie. |
| **Chaugy** (la Mère de) . | Vie de huit vénérables veuves, religieuses de l'ordre de la Visitation. |
| **Morey** (Abbé) . . . . . | Anne de Xainctonge, fondatrice des Dames de Ste. Ursule. |

5

5. — CHRÉTIENS DANS LE MONDE.

| | |
|---|---|
| .. . . . . . . . . . . | Un homme d'œuvres, Hervé Bazin. |
| Janzé (V^tesse de) . . . . | Berryer. |
| Lacombe (de) . . . . . | La jeunesse de Berryer. |
| Ponlevoy (P. de) s. j. | M. Berryer à ses derniers moments. |
| Puyol (Mgr) . . . . . . | Vie du serviteur de Marie L. E. Cestac. |
| Lescure (de). . . . . . | Chateaubriand. |
| Drochon (P.) Aug. . . | Un chevalier apôtre, Célestin-Godefroy Chicard. |
| Bastien (M^me) . . . . . | Vie de Monsieur de Cissey. |
| Rousset (Camille). . . | Le marquis de Clermont-Tonnerre. |
| Falloux (C^te de). . . . | Augustin Cochin. |
| . . . . . . . . . . . . | Vie de M. de Courson. |
| Baudry (Abbé) . . . . | Vie de Henri Dorie. |
| Besancenet (de). . . . | Le Général Dommartin. |
| Lacordaire (P.) o. p. | Le Général Drouot, (oraison funèbre.) |
| Janvier (Abbé) . . . . | Vie de M^r Dupont, 2 vol. |
| Buet . . . . . . . . . . | Paul Féval. |
| Boissard (H.). . . . . | Théophile Foisset. |
| Gossin . . . . . . . . . | Vie de M. F. X. Fougeroux. |
| Brownson (Sarah) . . | Démétrius-Augustin Galitzin. |
| Rousset (Camille). . . | Le comte de Gisors. |
| Masson . . . . . . . . | Le marquis de Grignan. |
| Allard . . . . . . . . . | Le volontaire Joseph Guérin. |
| Pralon (P.) s. j. . . . . | Lionel Hart. |
| Moreau (Abbé) . . . . | Hermann au saint désert. |
| Costa de Beauregard (M^is). . . . . | Un homme d'autrefois. |

## 6. — CHRÉTIENNES DANS LE MONDE.

| | |
|---|---|
| **Bourdon** (M<sup>me</sup>) . . . . | Chrétiennes de nos jours. |
| **Drohojowska** (C<sup>tesse</sup>). | Les femmes pieuses de la France. |
| **Lenormant** . . . . . . | Quatre femmes au temps de la Révolution. |
| **Martin** (Abbé) . . . . . | Les mères chrétiennes. |
| **Héricault** (d') . . . . . | Les mères des Saints. |
| **Ribbe** (de) . . . . . . . | Deux chrétiennes pendant la peste de 1720. |
| . . . . . . . . . . . . . | Souvenirs de la Congrégation de Notre-Dame, 2 vol. |
| . . . . . . . . . . . . . | Exemples de vie chrétienne offerts aux jeunes personnes. |
| **Barthélemy** (de) . . . | La princesse de Condé. |
| **Rabory** (Dom) O. B.. | Vie de Louise de Bourbon, princesse de Condé. |
| . . . . . . . . . . . . . | Vie et œuvres de la princesse Louise-Adélaïde de Bourbon-Condé, 3 vol. |
| **Bonneau-Avenant** . . | La duchesse d'Aiguillon. |
| . . . . . . . . . . . . . | Notice sur la vie d'Angèle de Sainte C... |
| **Muffat** . . . . . . . . . | L'amazone chrétienne. |
| **Roy** (J.-E.) . . . . . . . | Histoire d'Anne de Bretagne. |
| **Thomas** (P.) o. p . . . | Herminie de la Bassemoûturie. |
| . . . . . . . . . . . . . | Vie édifiante d'une pieuse paysanne ou Catherine Beillard. |
| **Lasserre.** . . . . . . . | Bernadette. |
| **Guépratte** (Abbé) . . . | Berthe Bizot. |
| **Zeloni** . . . . . . . . . | Vie de la princesse Borghèse. |
| **Armaillé** (C<sup>tesse</sup> d'). . . | Catherine de Bourbon, sœur d'Henri IV. |

| | |
|---|---|
| **Fullerton** (Lady) . . . | Dona Luisa de Carvajal. |
| **Jussieu** (de) . . . . . . | Histoire de Charlotte Champain |
| **Barthélemy** (de) . . . | La princesse de Condé. |
| **Paquelin** (Dom) o. b. . | Vie et souvenirs de Madame de Cossé-Brissac. |
| **Ribbe** (de) . . . . . . . | Une grande dame dans son ménage au temps de Louis XIV. |
| . . . . . . . . . . . . | Madame Adrien Duval. |
| **Ferrucci** (M<sup>me</sup>) . . . . . | Rosa Ferrucci, sa vie, ses lettres. |
| **Houet** . . . . . . . . . | La fleur des Gaules, 2 vol. |
| **Mac Cabe** . . . . . . . | Florine, princesse de Bourgogne. |
| . . . . . . . . . . . . | Marie-Louise Frossard. |
| **Craven** (M<sup>me</sup>) . . . . . | Lady Georgiana Fullerton. |
| . . . . . . . . . . . . | Vie de Victorine de Galard-Terraube. |
| **Galland** . . . . . . . | La princesse Galitzin et ses amis. |
| **Chaffanjon** (Abbé) . . | Madame Garnier, fondatrice de l'œuvre des veuves du Calvaire. |
| **Leclerc** (M<sup>lle</sup>) . . . . . | La Comtesse de Glaswood ou le catholicisme en Angleterre sous Charles II. |
| **Pauthe** (Abbé) . . . . | Mission d'Eugénie de Guérin. |
| **Soudry** (M<sup>me</sup>) . . . . . | M<sup>lle</sup> Jenny Harent. |
| **Lescœur** (P.) de l'Orat. | Nicanora Izarié. |
| . . . . . . . . . . . . | Pauline-Marie Jaricot, fondatrice de la Propagation de la foi. |
| **Lasteyrie** . . . . . . . | Vie de Madame de Lafayette. |
| **Lescure** (de) . . . . . . | La princesse de Lamballe. |
| **Fillon** (Abbé) . . . . . | Marie de Longevialle, 2 vol. |
| **Melun** (V<sup>te</sup> de) . . . . . | Vie de M<sup>lle</sup> de Melun. |
| **Levé** (P.) s. j. . . . . . | Vie de Madame Molé de Champlatreux. |
| **Ségur** (M<sup>is</sup> de) . . . . . | Vie de Madame Molé. |
| . . . . . . . . . . . . | Anne-Paule-Dominique, marquise de Montagu. |
| **Corbinière** (M<sup>me</sup> de la) | Une femme apôtre, ou vie et lettres d'Irma Le Fer de la Motte. |

| | |
|---|---|
| . . . . . . . . . . . . . | L'Indiana. |
| **Prat** (P.) s. J. . . . . . | Adèle de Murinais. |
| . . . . . . . . . . . . . | Vie de Mathilde de Nédonchel. |
| . . . . . . . . . . . . . | Vie de Marcelline Pauper. |
| **Bouïx** (P.) s. J . . . . | Une héroïne de la charité au XIXᵉ siècle. |
| **Lenormant** (Mᵐᵉ) . . . | Madame Récamier et sa correspondance. |
| . . . . . . . . . . . . . | Madame Récamier, les amis de sa jeunesse et sa correspondance intime. |
| **Clément** . . . . . . . . | Gabrielle de Rochechouart. |
| . . . . . . . . . . . . . | Vie de Madame de La Rochefoucauld, duchesse de Doudeauville. |
| **Nettement** . . . . . . . | Vie de Madame la marquise de la Rochejaquelein. |
| . . . . . . . . . . . . . | Vie de la R. Mère Elisabeth Rollat. |
| **Briand** (Abbé). . . . . | Vie de Mˡˡᵉ de Saint-André. |
| **Pouplard** (P.) s. J. . . | Victoire de Saint-Luc. |
| **Ségur** (Anatole de) . . | Sabine de Ségur. |
| **Ségur** (Mgr de) . . . . | Ma mère. Souvenirs de sa vie et de sa mort. |
| **Pitray** (Vᵗᵉˢˢᵉ de). . . . | Ma chère maman. (Cᵗᵉˢˢᵉ de Ségur, née Rostopchine). |
| **Barberey** (Mᵐᵉ de). . | Elisabeth Seton. |
| **Brière** (de la) . . . . . | Madame de Sévigné en Bretagne. |
| **Saporta** (Mⁱˢ de). . . . | La famille de Madame de Sévigné en Provence. |
| **Gaume** (Mgr) . . . . . | Suéma, ou la petite esclave. |
| **Falloux** (Cᵗᵉ de) . . . . | Madame Swectchine, sa vie et ses œuvres, 2 vol. |
| **Bouïx** . . . . . . . . . | La solitaire des rochers, 2 vol. |
| **Sault** (P. du) s. J. . . . | Vie de Madame de la Tour-Neuvillars. |
| **Fliche** (Mgr) . . . . . | Mémoires sur la vie de la princesse Marie-Félicité des Ursins, 2 vol. |
| **Trouillat** (Abbé). . . . | Vie de Marie de Valence. |

| | |
|---|---|
| **Pauthe** (Abbé). . . . . | Madame de la Vallière. La morale de Bossuet à la cour de Louis XIV. |
| **Theuriet** . . . . . . . . | Gabrielle de Vergy. |
| . . . .. . . . . . . . . | Amélie de Vitrolles, sa vie et sa correspondance, 2 vol. |

---

## 7. — PERSONNAGES HISTORIQUES.

| | |
|---|---|
| **Notovitch** . . . . . . . | L'empereur Alexandre III et son entourage. |
| **Monnier** . . . . . . . . | Le chancelier d'Aguesseau. |
| **Faye** (de la) . . . . . . | Le général Ambert, sa vie, ses œuvres. |
| **Bouhours** (P.) s. J. . . . | Pierre d'Aubusson. |
| **Farine** . . . . . . . . . | Histoire de Barberousse. |
| **Badin** . . . . . . . . . | Jean Bart. |
| **Kœnig**. . . . . . . . . | Jean Bart. |
| **Feillet** . . . . . . . . | Histoire du gentil seigneur de Bayard. |
| **Costa de Beaure-gard** (M<sup>is</sup>) . . . . . | La jeunesse du roi Charles-Albert. |
| — | Epilogue d'un règne : Milan, Novare et Oporto. Les dernières années du roi Charles-Albert. |
| **Guyard de Berville** . | Histoire du chevalier Bayard. |
| **Terrebasse** (de) . · . | Histoire de Bayard. |
| **Guyard de Berville** . | Histoire de Bertrand du Guesclin. |
| **Luce** (Siméon). . . . . | Histoire de Bertrand du Guesclin. |
| **Dronsart** (M<sup>me</sup>) . . . . | Le prince de Bismarck, sa vie et son œuvre. |
| **Roy** (J.-E.) . . . . . . | Bougainville. |
| **Prévault**. . . . . . . . | Histoire de Godefroy de Bouillon. |

| | |
|---|---|
| **Marmier**. . . . . . . . | Robert Bruce. |
| **Ideville** (C^te d') . . . . | Le maréchal Bugeaud. |
| **Pouroy**. . . . . . . . . | Le maréchal Bugeaud. |
| **Cadoudal** (Georges de) | Georges Cadoudal et la Chouannerie. |
| **Audin** . . . . . . . . . . | Histoire de Calvin. |
| **Roy** . . . . . . . . . . | Histoire du Maréchal de Catinat. |
| **Antioche** (C^te d') . . . | Changarnier. |
| **Villefranche** . . . . . | Histoire du Général Chanzy. |
| **Mailhard de la Couture**. . . . . . . . | Charlemagne dans l'histoire et dans la légende. |
| **Buet** . . . . . . . . . . | Charles V et la France au xiv^e siècle. |
| **Todière** . . . . . . . . | Charles VIII. |
| **Védrenne** (Abbé) . . . | Vie de Charles X, roi de France, 3 vol. |
| **Todière** . . . . . . . . | Charles I^er et Cromwell. |
| **Robertson**. . . . . . . | Histoire de Charles-Quint. |
| **Roy** (J.-E.) . . . . . . | Histoire d'Olivier de Clisson. |
| **Buet** . . . . . . . . . . | L'amiral de Coligny. |
| — | Christophe Colomb. |
| **Cadoret** . . . . . . . . | Vie de Christophe Colomb. |
| **Joriaud** (de). . . . . . | Christophe Colomb et la découverte du Nouveau-Monde. |
| — | Christophe Colomb. |
| **Joséfa** (M.-T.) . . . . | Christophe Colomb. |
| **Roselly de Lorgues** . | Christophe Colomb, 2 vol. |
| **Montrond** (de). . . . . | Histoire du brave Crillon. |
| **Cordelier-Delanoue** . | Jacques Cœur. |
| **Clément** . . . . . . . . | Jacques Cœur et Charles VII. |
| **Aumale** (Duc d') . . . | Histoire des Condés, 2 vol. |
| **Roche** . . . . . . . . . | Fernand Cortez. |
| **Faye** (de la) . . . . . . | Histoire de l'amiral Courbet. |
| **Julien**. . . . . . . . . | L'amiral Courbet. |
| **Amback** (Von) . . . . | Olivier Cromwell. |
| **Poulain** (Abbé). . . . . | Duguay-Trouin et Saint-Malo, la cité corsaire. |

| | |
|---|---|
| **Kœnig** . . . . . . . . | Duguay-Trouin. |
| **Soudry**. . . . . . . . | Dumont d'Urville. |
| **Welschinger** . . . . . | Le duc d'Enghien. 1772-1804. |
| **Ménart**. . . . . . . . | Le Maréchal Fabert. |
| **Schneider** . . . . . . | L'empereur Guillaume, 3 vol. |
| **Todière**. . . . . . . . | Guillaume le Conquérant. |
| **Lescure** (de). . . . . . | Henri IV. |
| **Péréfixe** . . . . . . . | Histoire de Henri le Grand. |
| . . . . . . . . . . . . | Histoire de Henri le Grand, roi de France et de Navarre. |
| **Nettement**. . . . . . . | Henri de France, 2 vol. |
| **Saint-Albin** (de). . . . | Histoire de Henri V. |
| **Audin**. . . . . . . . . | Histoire d'Henri VIII. |
| **Clair** (P.) s. J. . . . . . | André Hofer et l'insurrection du Tyrol en 1809. |
| **Ernouf** (Bᵒⁿ ). . . . . . | Le Général Kléber. |
| **Robinet de Cléry**. . . | Le Général Lasalle. |
| **Roy** (J.-E.). . . . . . . | Histoire de Louis XI. |
| **Gabourd**. . . . . . . | Histoire de Louis XIV. |
| **Broglie**(Emmanuelde) | Le fils de Louis XV, Louis, Dauphin de France. 1729-1765. |
| **Falloux** (Cᵗᵉ de). . . . | Louis XVI. |
| **Beaucourt** (Mⁱˢ de) . . | Captivité et derniers moments de Louis XVI, 2 vol. |
| **Cléry**. . . . . . . . . | Journal, 2 vol. |
| **Beauchesne** (de) . . . | Louis XVII ; sa vie, son agonie, sa mort, 2 vol. |
| **Nettement** . . . . . . | Histoire populaire de Louis XVII. |
| **Lalaing** (de). . . . . . | Histoire de Louvois. |
| **Rousset** (Camille). . . | Histoire de Louvois, 4 vol. |
| **Audin** . . . . . . . . . | Histoire de Luther. |
| **Grandin** (Cᵈᵃⁿᵗ). . . . . | Le maréchal de Mac-Mahon, 2 vol. |
| **Daurignac** . . . . . . . | Vie de Maximilien d'Este. |
| . . . . . . . . . . . . | Le maréchal de Moltke. |
| **Berthe** (P.) Rédempt. | Garcia Moreno. |

| | |
|---|---|
| **Joséfa** (M.-T.) . . . . | Garcia Moreno. |
| **Keller** . . . . . . . . . | Le général de Lamoricière, 2 vol. |
| **Montrond** (de). . . . . | Le général de Lamoricière. |
| **Pougeois** (Abbé) . . . | Le général de Lamoricière. |
| **Gabourd**. . . . . . . . | Histoire de Napoléon I<sup>er</sup>. |
| **Lescure** (de). . . . . . | Napoléon et sa famille. |
| **Aragon** (M<sup>is</sup> d') . . . . | Le prince Charles de Nassau-Siegen. |
| **Nemours-Godré** . . . | O'Connell, sa vie, son œuvre. |
| **Faye** (de la) . . . . . . | Une famille de marins. Les Dupetit-Thouars. |
| **Nettement**. . . . . . . | Un pair d'Angleterre. |
| **Dubois** . . . . . . . . . | Pierre le Grand. |
| **Rastoul** . . . . . . . . | Le maréchal Randon. |
| **Cordellier-Delanoue**. | René d'Anjou. |
| **Quatrebarbes** (C<sup>te</sup> de) | Histoire de René d'Anjou. |
| **Champagnac** . . . . . | Richard Cœur-de-Lion. |
| **Poujoulat** . . . . . . . | Histoire de Richard Cœur-de-Lion, roi d'Angleterre. |
| **Ségur** (M<sup>is</sup> de) . . . . . | Vie du comte Rostopchine. |
| **Martin** . . . . . . . . . | Le prince Albert de Saxe-Cobourg, 2 vol. |
| **Kerviler** . . . . . . . . | Le chancelier Pierre Séguier. |
| **Salvandy** (de) . . . . . | Histoire de Jean Sobieski et du royaume de Pologne, 2 vol. |
| **Proyard** (Abbé) . . . . | Histoire de Stanislas, roi de Pologne. |
| **Roy** (J.-E.) . . . . . . . | Le dernier des Stuarts. |
| **Nettement**. . . . . . . | Suger et son temps. |
| **Bliard** (P.) s. j. . . . | Les Mémoires de Saint-Simon et le Père Le Tellier. |
| **Villermont** (C<sup>te</sup> de) . . | Tilly ou la guerre de trente ans. |
| **Raguenet** . . . . . . . | Histoire du vicomte de Turenne. |
| **Roy** (J.-E.) . . . . . . | Histoire du maréchal de Villars. |
| . . . . . . . . . . . . . | Le maréchal de Turenne. |
| **Mazas** . . . . . . . . . | Vie des grands capitaines français du moyen-âge, 4 vol. |

. . . . . . . . . . . . . Les hommes illustres de l'Orient, 2 vol.

**Montrond** (de). . . . . Les guerriers les plus célèbres.
— Les marins célèbres.

## 8. — FEMMES CÉLÈBRES.

**Celliez** (M^lle) . . . . . . Les Impératrices, 2 vol.
— Les reines d'Espagne.
— Les reines de France.
**Mac-Cabe** (William) . Adélaïde, reine d'Italie ou la couronne de fer.
**Boys** (Albert du). . . . Catherine d'Aragon.
**Daurignac** . . . . . . Blanche de Castille.
**Doinel** . . . . . . . . . Histoire de Blanche de Castille.
**Charpin** (C^tesse de). . . Eléonore d'Autriche.
**Beauchesne** (de) . . . La vie de Madame Elisabeth, 2 vol.
**Cordier**. . . . . . . . Madame Elisabeth, sœur de Louis XVI.
**Saint-Amand** (Imbert de) . . . . . . . . Les femmes de Versailles :
Les beaux jours de Marie-Antoinette.
— Marie-Antoinette et la fin de l'ancien régime.
— Les femmes des Tuileries :
— Le château. Histoire du château des Tuileries.
— Marie-Antoinette aux Tuileries, 1789-1791.
— Marie-Antoinette et l'agonie de la Royauté.
— La dernière année de Marie-Antoinette.

**Saint-Amand** (Imbert
de). . . . . . . . . .    La jeunesse de l'Impératrice Jose-
phine.

— La citoyenne Bonaparte.

— La femme du Premier Consul.

— La cour de l'Impératrice Joséphine.

— Les dernières années de l'Impératrice Joséphine.

— Les beaux jours de l'impératrice
Marie-Louise.

— Marie-Louise et la décadence de
l'Empire.

— Marie-Louise et l'invasion de 1814.

— Marie-Louise, l'île d'Elbe et les
Cent-Jours.

— Marie-Louise et le duc de Reichs-
tadt.

— La jeunesse de la duchesse d'Angoulême.

— La duchesse d'Angoulême et les
deux Restaurations.

— La duchesse de Berry et la cour
de Louis XVIII.

— La duchesse de Berry et la cour
de Charles X.

— La duchesse de Berry et la Révolution de 1830.

— La duchesse de Berry et la
Vendée.

— La captivité de la duchesse de
Berry. Nantes-Blaye.

— Les dernières années de la duchesse de Berry.

— La jeunesse de la reine Marie-
Amélie.

| | |
|---|---|
| **Lescure** (de). . . . . . | Marie Stuart. |
| **Marlès** (de) . . . . . . | Histoire de Marie Stuart. |
| **Petit** . . . . . . . . . . | Histoire de Marie Stuart, 2 vol. |
| **Armaillé** (C<sup>lesse</sup> d'). . . | Marie-Thérèse et Marie-Antoinette. |
| **Locmaria** (de) . . . . | Marie-Thérèse en Hongrie. |
| **Nettement**. . . . . . . | Vie de Marie-Thérèse de France, fille de Louis XVI, 2 vol. |
| **Bourdon** (M<sup>me</sup>). . . . | Marie Tudor et Elisabeth, reine d'Angleterre. |
| **Larrey** (B<sup>on</sup>). . . . . . | Madame Mère. (Napoleonis mater.) Essai historique, 2 vol. |
| **Renée** . . . . . . . . . | Madame de Montmorency. Mœurs et caractères du xvııᵉ siècle. |
| **Saint-Albin** (de). . . . | Madame la duchesse de Parme. |

## 9. — Vies et portraits en recueils.

| | |
|---|---|
| **Ambert** (G<sup>al</sup>) . . . . . | Autour de l'Eglise. |
| **Aubineau** . . . . . . . | Au soir. |
| — | Epaves. |
| — | Gens d'Eglise, 2 vol. |
| — | Parmi les lis et les épines. |
| — | Les serviteurs de Dieu, 2 vol. |
| **Baraud** (Abbé). . . . . | Chrétiens et hommes célèbres. |
| — | Chrétiens et hommes célèbres au xıxᵉ siècle, 3 vol. |
| **Baunard** (Mgr) . . . . | Notices sur quelques élèves du collège Saint Joseph de Lille. |
| **Blanc** (Cap<sup>ne</sup>) . . . . . | Prêtres et soldats. |
| **Baudrillart**. . . . . . | Gentilshommes ruraux de la France |
| **Baunard** (Mgr) . . . . | Le doute et ses victimes. |
| — | La foi et ses victoires, 2 vol. |
| **Camp** (Maxime du) . . | Bons cœurs et braves gens. |
| — | La vertu en France. |
| **Dumonchel** . . . . . . | Biographies des personnages illustres de la France. |

| | |
|---|---|
| **Exauvillez** (M<sup>me</sup> d'). . | Les hommes célèbres de la France. |
| **Fournel**. . . . . . . . | Figures d'hier et d'aujourd'hui. |
| **Gautier** (Léon). . . . . | Portraits contemporains. |
| **Guidée** (P.) s. J. . . . . | Souvenirs de Saint-Acheul. |
| **Lambel** (C<sup>te</sup> de) . . . | Etudes biographiques. |
| **Launay** . . . . . . . . | Nos missionnaires. |
| **One** (Lord). . . . . . . | Les vivants et les morts. |
| **Maillard** (Abbé) . . . | Les Frères des écoles chrétiennes. |
| **Marty** . . . . . . . . . . | Vie des chrétiens illustres. |
| **Masson** . . . . . . . . | Les enfants célèbres. |
| **Mazade** . . . . . . . . | Portraits d'histoire morale et poli-tique. |
| **Michelle** . . . . . . . . | Les enfances illustres. |
| **Perdereau** (P.) . . . . | Les martyrs de Picpus. |
| **Perreyve** (Abbé) . . . | Biographies et panégyriques. |
| **Rouvier** (P.) s. J. . . . | Devant l'ennemi. |
| **Saillard** (Abbé) . . . . | Les hommes célèbres du xix<sup>e</sup> siècle. |
| **Saillet** (de). . . . . . . | Les jeunes Français. |
| **Valentin** . . . . . . . . | Les artisans célèbres. |
| **Villefranche**. . . . . . | Dix grands chrétiens du siècle. |
| . . . . . . . . . . . . . | Les illustrations et les célébrités du xix<sup>e</sup> siècle, 5 vol. |
| . . . . . . . . . . . . . | Les magistrats les plus célèbres. |
| **Divers auteurs**. . . . | Recueil de biographies édifiantes, 11 vol. |
| **Carron** (Abbé). . . . . | Vie des justes dans les plus humbles conditions. |
| — | Vie des justes dans la profession des armes. |
| **Chauveau** (P.) s. J. . . | Souvenirs de l'école Sainte Gene-viève, 3 vol. |
| **Commelli** . . . . . . . | Les Jésuites héroïques. |
| **Didierjean** (P.) s. J. . | Jeunes chrétiens de notre temps. |
| — | Souvenirs des collèges de la C<sup>ie</sup> de Jésus en France, 2 vol. |
| — | Souvenirs de Metz. L'Ecole St Clé-ment, 2 vol. |

## 10. — Lettres et pensées.

| | |
|---|---|
| **Marie-Edmée**. . . . . | Journal. |
| **Le Camus** (C<sup>te</sup>) . . . . | Mémoires du vicomte Armand de Melun, 2 vol. |
| **Domenech** (Abbé). . . | Journal d'un missionnaire. |
| **Perreyve** (Abbé) . . . | Lettres. 1850 à 1865. |
| — | Lettres à un ami d'enfance. |
| **Pontmartin** (de). . . . | Souvenirs d'un vieux mélomane. |
| **Rondelet**. . . . . . . . | Mémoires d'Antoine. |
| — | Mémoires d'un homme du monde. |
| **Roux** (Abbé). . . , . . | Pensées. |
| **Saint-Maur**. . . . . . | Poésies, journal, lettres. |
| **Ségur** (M<sup>is</sup> de) . . . . . | Lettres de Mgr de Ségur, de 1854 à 1881. |
| **Sévigné** (M<sup>me</sup> de) . . . | Nouveau choix de lettres. |
| **Werfer** (Abbé). . . . . | Mémoires du chanoine Schmid. |
| **Swetchine** (M<sup>me</sup>) . . . | Lettres de M<sup>me</sup> Swetchine, publiées par M. de Falloux, 3 vol. |
| **Taxil** (Léo) . . . . . . | Confessions d'un ex-libre penseur. |
| **Veuillot** (Louis). . . . | Correspondance, 6 vol. |
| . . . . . . . . . . . . . | Lettres d'un religieux trappiste à sa sœur. |
| . . . . . . . . . . . . . | Mémoires d'un père sur la vie et la mort de son fils. |
| . . . . . . . . . . . . . | Une vocation. Lettres à un ami. |

# VI. — GÉOGRAPHIE

## I. — FRANCE.

| | |
|---|---|
| **Babeau.** . . . . . . . . | Les voyageurs en France depuis la Renaissance jusqu'à la Révolution. |
| **Bruno.** . . . . . . . . . | Le tour de la France par deux enfants. |
| **Chapiat** (Abbé) . . . . | Voyage dans les Vosges. |
| **Daudet.** . . . . . . . . | Tartarin sur les Alpes. |
| **Leclercq.** . . . . . . . | Promenades et escalades dans les Pyrénées. |
| **Lentheric** . . . . . . . | Les villes mortes du golfe du Lion. |
| **Malte-Brun** . . . . . . | Les jeunes voyageurs en France, 2 vol. |
| **Marmier** . . . . . . . . | En Franche-Comté. |
| **Montanclos** (M^me de) . | Voyage de l'oncle Charles à travers la France. |
| **Polydore** (Abbé) . . . | Voyages en France, en Belgique et en Amérique. |
| **Rochay** (de) . . . . . . | L'écho de St Michel. |
| **Pitre-Chevalier** . . . | La Bretagne moderne. |
| **Serbois** (de) . . . . . . | Souvenirs de voyage en Bretagne et en Grèce. |
| **Violeau** . . . . . . . . | Pélerinages en Bretagne. |
| **Montégut** . . . . . . . | En Bourbonnais et en Forez. |
| **Bouniol** . . . . . . . . | Les rues de Paris, 3 vol. |
| **Fournel.** . . . . . . . . | Paris nouveau et Paris futur. |
| **Camp** (Maxime du) . . | Paris bienfaisant. |

| | |
|---|---|
| **Camp** (Maxime du) . . | La charité privée à Paris. |
| **Guillot** . . . . . . . . | Les prisons de Paris et les prison- niers. |
| **Veuillot** (Louis). . . . | Odeurs de Paris. |
| **Vallery-Radot** . . . . | Un coin de Bourgogne. (Le pays d'Avallon.) |
| **Clément-Janin** . . . . | Les vieilles maisons de Dijon. |
| **Theuriet** . . . . . . . | Histoire de Nuits. |
| . . . . . . . . . . . . | Histoire de Vergy. |
| **Bizouard** (Abbé) . . . | Histoire de l'hôpital d'Auxonne. |
| **Lacoste** (Abbé) . . . . | Notice historique sur Brochon. |
| **Colmet-Daage** . . . . . | Histoire d'une vieille maison de province. |
| **Dubois** (Abbé) . . . . . | Histoire de l'abbaye de Morimond. |
| **Boitel** (Abbé) . . . . . | Histoire de Montmirail-en-Brie. |
| **Benoît** . . . . . . . . . | Histoire de l'abbaye et de la terre de St Claude. |
| **Mun** (M^is de) . . . . . . | Un château en Seine-et-Marne. |

---

## 2. — EUROPE.

| | |
|---|---|
| **Hübner** (B^on de) . . . . | A travers l'empire britannique, 2 vol. |
| **Mandat-Grancey** (B^on de) | Chez Paddy. (Irlande.) |
| **Poitou** . . . . . . . . . | Voyage en Espagne. |
| **Robersart** (M^me de). . | Lettres d'Espagne. |
| **Wordsworth** (D^r) . . | La Grèce pittoresque et historique. |
| **Allard** . . . . . . . . . | Rome souterraine. |
| **Brière** (de la) . . . . . | A Rome. |
| **Gaume** (Mgr) . . . . . | Les trois Rome, 4 vol. |
| **Géramb** (de) . . . . . . | Voyage de la Trappe à Rome. |
| **Grillot** (Abbé) . . . . . | La sainte Maison de Lorette. |
| **Lafond** . . . . . . . . . | Lorette et Castelfidardo. |

| | |
|---|---|
| **Lafond** | Le pélerinage d'Assise. |
| — | Rome.--Lettres d'un pélerin, 2 vol. |
| **Loudun** | L'Italie moderne. |
| **Pierre** (Abbé) | La ville aux sept collines, 2 vol. |
| **Poli** (de) | De Paris à Castelfidardo. |
| **Postel** (Mgr) | La Sicile. |
| **Prats-de-Mollo** | Pélerinage aux sanctuaires franciscains de l'Ombrie et de la Toscane. |
| **Rolland** (Abbé) | Rome, ses églises, ses monuments. |
| **Ségur** (Louis-Gaston de) | Journal d'un voyage en Italie. |
| **Ségur** (Mis de) | Un hiver à Rome. |
| **Sivry** (de) | Rome et l'Italie méridionale. |
| **Toytot** (de) | Les Romains chez eux. |
| **Veuillot** (Louis) | Rome et Lorette. |
| ............ | Une chrétienne à Rome. |
| **Duverney** | Un tour en Suisse, 2 vol. |
| **Veuillot** (Louis) | Les pélerinages en Suisse. |
| **Havard** | La Hollande pittoresque. ( Voyage aux villes mortes du Zuyderzée.) |
| **Durand** | Le Rhin allemand. |
| **Fournel** | Vacances d'un journaliste. |
| **Vaudon** | Par monts et par vaux. ( Lorraine, Allemagne.) |
| **Durand** | Le Danube allemand. |
| **Yriarte** | Bosnie et Herzégovine. |
| **Drohojowska** (Ctesse) | Une semaine à Cracovie. |
| **Neyrat** (Abbé) | Norvège et Suède. |
| **Hommaire de Hell** (Mme) | Les steppes de la mer Caspienne. |
| **Marmier** | Lettres sur la Russie, la Finlande et la Pologne. |
| **Roy** (J. E.) | Les Français en Russie. |
| **Sachot** | La Sibérie orientale et l'Amérique russe. |
| **Marmier** | Lettres sur l'Islande et poésies. |
| **Petitot** | En route pour la mer glaciale. |

| | |
|---|---|
| **Vandal.** . . . . . . . . | En karriole à travers la Suède et la Norvège. |
| **Lenormant.** . . . . . . | Turcs et Monténégrins. |
| **Neyrat** (Abbé). . . . . | L'Athos. (Turquie, Valachie.) |
| **Polydore** (Abbé) . . . | Voyage en Allemagne, en Autriche-Hongrie et en Italie. |
| **Saint-René Taillandier.** . . . . . . . . | La Serbie au xixᵐᵉ siècle. |

## 3. — Terre-Sainte et Levant.

| | |
|---|---|
| **Allard** (Dʳ). . . . . . . | Les Echelles du Levant. |
| **Azaïs** (Abbé) . . . . . | Pélerinage de Terre-Sainte, 2 vol. |
| **Aviau de Piolant**(d'). | Au pays des Maronites. |
| **Bernard** (abbé Eugène) | Les voyages de St Jérôme. |
| **Bourassé** (Abbé) . . . | La Terre-Sainte, |
| **Chateaubriand.** . . | Itinéraire de Paris à Jérusalem. |
| **Cortambert** . . . . . . | Aventures d'un artiste dans le Liban. |
| **Damas** (P. de) s. J. . . | Voyage à Jérusalem, 2 vol. |
| — | Voyage en Galilée. |
| — | Voyage en Judée. |
| — | Voyage au Sinaï. |
| — | Souvenirs du mont Liban, 2 vol. |
| **Garnier** (Abbé).. . . . | Mon pélerinage aux Lieux-Saints. 3 vol. |
| **Géramb** (de). . . . . . | Pélerinage à Jérusalem et au mont Sinaï, 3 vol. |
| **Guibout** (Dʳ). . . . . . | Les vacances d'un médecin. — Jérusalem. |
| **Lamothe** (de) . . . . . | De Marseille à Jérusalem. |

| | |
|---|---|
| **Lenoir** . . . . . . . . | Le Fayoum, le Sinaï et Pétra. |
| **Marcellus** (C<sup>te</sup> de) . . | Souvenirs de l'Orient. |
| **Mislin** (Mgr). . . . . | Les Lieux-Saints. Pélerinage à Jérusalem, 4 vol. |
| **Philpinde Rivière**(P.) | Lieux-Saints inviolables. |
| **Pierre** (Abbé) . . . . . | Constantinople et Jérusalem, 2 vol. |
| **Poujoulat**.. . . . . . . | Récits et souvenirs d'un voyage en Orient. |
| **Sodar de Vaulx** . . . | Les splendeurs de la Terre-Sainte. |
| **Tesson** (de) . . . . . . | Voyage au mont Sinaï. |
| **Vengeon** (Abbé). . . . | Souvenirs d'un pélerin de Terre-Sainte en 1884. |
| **Vogüé** (V<sup>te</sup> Melchior de) | Syrie, Palestine, Mont Athos. |
| **Witte** (B<sup>on</sup> de). . . . . | En Palestine. |
| . . . . . . . . . . . . | Souvenirs d'un pélerin de France à Jérusalem. |

## 4. — AFRIQUE, ASIE, OCÉANIE, AMÉRIQUE.

| | |
|---|---|
| **Egron** . . . . . . . . | L'Algérie chrétienne. |
| **Marmier** . . . . . . . | Lettres sur l'Algérie. |
| **Dugas** (P.) s. j. . . . . | La Kabylie et le peuple kabyle. |
| **Lafitte** (Abbé) . . . . . | Le Dahomé. |
| **Campou** (de) . . . . . | La Tunisie française. |
| **Bauron** (Abbé). . . . . | De Carthage au Sahara. |
| **Choisy** . . . . . . . . | Le Sahara. |
| **Childe** (M<sup>me</sup> Lee). . . . | Un hiver au Caire. |
| **Champollion** (le jeune) | Lettres écrites d'Egypte et de Nubie. |
| **Poitou** . . . . . . . . | Un hiver en Egypte. |
| **Roy** (J. E.) . . . . . . | Les Français en Egypte. |

**Barker** (Lady). . . . . Une femme du monde au pays des Zoulous.

**Gros** . . . . . . . . . . Voyages, aventures et captivité de J. Bonnat chez les Achantis.

**Besancenet** (de). . . . Les Français au cœur de l'Afrique.

**Compiègne** (M^{is} de) . . L'Afrique équatoriale : Gabonais, Pahouins, Gallois.

—     L'Afrique équatoriale : Okanda, Bangouens, Osyéba.

**Estampes** (d'). . . . . La France au pays noir.

**Gaume** (Mgr) . . . . . Voyage à la côte orientale d'Afrique.

**Laffite** (Abbé). . . . . Le pays des nègres.

**Mandat - Grancey** (B^{on} de) . . . . . . . Souvenirs de la côte d'Afrique.

**Marche** . . . . . . . . Trois voyages dans l'Afrique occidentale.

**Wogan** (B^{on} de) . . . . Six mois dans le Far-West.

. . . . . . . . . . . . . A l'assaut des pays nègres.

**Roches** . . . . . . . . Trente-deux ans à travers l'Islam, 2 vol.

**Livingstone** . . . . . . Explorations dans l'intérieur de l'Afrique australe.

**Stanley** . . . . . . . . A travers le continent mystérieux, 2 vol.

—     Comment j'ai retrouvé Livingstone.

**Scott-Keltie** . . . . . . La délivrance d'Emin Pacha.

**Serpa-Pinto** (Major) . Comment j'ai traversé l'Afrique. 2 vol.

**Leclercq** . . . . . . . Voyage aux îles Fortunées.

**Buet** (Charles). . . . . Madagascar, la reine des côtes africaines.

—     Six mois à Madagascar.

**Vaissière** (P. de la) s. j. Histoire de Madagascar, 2 vol.

**Hulot** (B^{on} ). . . . . . De l'Atlantique au Pacifique.

**André-Marie** (P.) o. p. Missions dominicaines de l'extrême Orient, 2 vol.

**Leclercq** . . . . . . . Du Caucase aux monts Alaï.

| | |
|---|---|
| **Burnaby**. . . . . . . | Une visite à Khiva. |
| **Garnier** . . . . . . . | Voyages en Perse. |
| **Antonini**. . . . . . . | Au pays d'Annam. |
| **Krick** . . . . . . . . | Relation d'un voyage au Thibet. |
| **Dourisboure** (Abbé) . | Les sauvages Ba-hnars. |
| **Ernouf** (Bᵒⁿ ). . . . . | Cachemire et le petit Thibet. |
| **Huc**. . . . . . . . . | Souvenirs d'un voyage dans la Tartarie et le Thibet, 2 vol. |
| **Launay** (Abbé) . . . . | Histoire ancienne et moderne de l'Annam. |
| **Louvet** . . . . . . . . | La Cochinchine religieuse, 2 vol. |
| **Petit** . . . . . . . . . | Le Tong-Kin. |
| **Cotteau**. . . . . . . . | Promenade dans l'Inde et à Ceylan. |
| **Coubé** (P.) s. J. . . . . | Au pays des castes. |
| **Baulez** (Abbé). . . . . | Vingt ans dans l'Inde. |
| **Gourdin** (P.) . . . . . | Voyages et missions du Père A. de Rhodes. S.J. |
| **Mercier** (P.) s. J. . . . | Campagne du Cassini dans les mers de Chine. 1851-1854. |
| **Guchen** (P.) s. J. . . . | Cinquante ans au Maduré, 2 vol. |
| **Jean** (P.) s. J. . . . . | Le Maduré. La nouvelle mission. |
| **Orléans** (Pᶜᵉ Henri d' | Six mois aux Indes. |
| **Rochechouart** (Cᵗᵉ de) | Les Indes, la Birmanie, la Malaisie, le Japon et les États-Unis. |
| **Saint-Cyr** (P.) s. J. . . | Les nouveaux Jésuites français dans l'Inde, 2 vol. |
| **Antonini**. . . . . . . | Les Chinois peints par un Français. |
| — | Au pays de Chine. |
| — | La vie réelle en Chine. — Chang-Haï. |
| **Aubry** (Abbé) . . . . . | Les Chinois chez eux. |
| — | Correspondance. |
| **Jurien de la Gravière** (Amᵃˡ) . . . . | Voyage dans les mers de Chine, 2 vol. |
| **Hérisson** (Cᵗᵉ d'). . . | Journal d'un interprète en Chine. |
| **Huc**. . . . . . . . . . | L'Empire chinois, 2 vol. |

| | |
|---|---|
| Huc. . . . . . . . . . . | Le christianisme en Chine, 4 vol. |
| Rousset. . . . . . . . . | A travers la Chine. |
| Pourias . . . . . . . . | La Chine.—Huit ans au Yun-Nam. |
| Viard . . . . . . . . . | Seize ans en Chine. |
| Vigneron (Abbé) . . . | Deux ans au Se-Tchouan. (Chine centrale.) |
| . . . . . . . . . . . . . | La compagnie de Jésus en Chine. |
| . . . . . . . . . . . . . | Le Japon d'aujourd'hui. (Journal intime d'un missionnaire.) |
| Dubarry (Armand). . | Histoire d'une famille d'émigrants. |
| Garnier (J.) . . . . . . | La nouvelle Calédonie. |
| — | Océanie, les îles des Pins, etc. |
| Langlois (P.) s. j. . . | Jomby-Soudy. ( Océanie.) |
| Salinis (P. de) s. j. . | Marins et missionnaires.(Océanie.) |
| Lemire. . . . . . . . . | D'Irlande en Australie. |
| Bérengier (Dom) . . . | La nouvelle Nursie. (Australie.) |
| Beauvoir (Mᴵˢ de) . . . | Voyages autour du monde: L'Australie, Pékin, Yédo et San-Francisco. Java, Siam et Canton, 3 vol. |
| Manzeret . . . . . . . | Mgr Bataillon et les missions de l'Océanie centrale, 2 vol. |
| . . . . . . . . . . . . . | L'Australie. — Découverte. — Colonisation. — Civilisation. |
| Biard (F.) . . . . . . . | Deux années au Brésil. |
| Bizemont (Cᵗᵉ de) . . . | L'Amérique centrale et le canal de Panama. |
| . . . . . . . . . . . . . . | Mon voyage à Montévidéo. |
| Dussieux. . . . . . . . | Le Canada. |
| Faraud (Mgr). . . . . | Dix-huit ans chez les sauvages. (Amérique.) |
| Fonvielle (W. de) . . . | La conquête du pôle nord. |
| Girard . . . . . . . . | Excursion au Mexique. |
| Claudio-Jannet . . . . | Les Etats-Unis contemporains. |
| Jouveaux . . . . . . . | L'Amérique actuelle. |
| Lambel (Cᵗᵉ de) . . . . | Le Canada. |
| Lamothe (de) . . . . . | Cinq mois chez les Français d'Amérique. |

**Domenech** (Abbé). . . .     Voyage pittoresque dans les grands
                              déserts du Nouveau-Monde.
**Macquet**. . . . . . . .     Londres, le Canada, les Etats-
                              Unis.
**Mandat - Grancey**
  (B^on de) . . . . . . .     Dans les montagnes rocheuses.
**Marmier**. . . . . . . .     Les Etats-Unis et le Canada.
        —                     Voyage en Californie.
**Mandat - Grancey**
  (B^on de). . . . . . . .     En visite chez l'oncle Sam.
        —                     La brèche aux Buffles.
**Michel** . . . . . . . .     A travers l'hémisphère Sud.
**Frontpertuis** (de). . .     Le Canada.
**Révoil** . . . . . . . .     Chasses dans l'Amérique du Nord.
**Roy** (J. E.). . . . . .     L'Empire du Brésil.
**Smet** (P. de) s. J. . . .   Voyages aux montagnes rocheuses.
**Turenne** (C^te de). . . .   Quatorze mois dans l'Amérique du
                              nord, 2 vol.
. . . . . . . . . . . . .      Histoire chrétienne de la Californie.
. . . . . . . . . . . . .      Mission du Canada, 2 vol.
**Marmier**. . . . . . . .     Voyage en Californie.

## 5. — AUTOUR DU MONDE.

**Hübner** (B^on de) . . . .   Promenade autour du monde, 2 vol.
**Accoüyer** (V^te ) . . . .   Souvenirs de voyages d'un marin
                              breton.
**Brassey** . . . . . . . .    Voyage d'une famille autour du
                              monde.
**Compiègne** (M^is de). .     Voyages, chasses et guerres.
**Laubespin** (M^ise) . . .    Esquisses de voyages.
**Lefèvre** . . . . . . . .    Les troisièmes en avant, récits de
                              voyages.

| | |
|---|---|
| **Lenormant** . . . . . . | Beaux-arts et voyages, 2 vol. |
| **Marlès** (de) . . . . . . | Firmin ou le jeune voyageur. |
| — | Gustave ou le jeune voyageur. |
| **Marmier.** . . . . . . . | Impressions et souvenirs d'un voyageur chrétien. |
| **Smiles** . . . . . . . . | Voyage d'un jeune garçon autour du monde. |
| **Smith** (William). . . . | Voyages autour du monde, 12 vol. |
| **Walsh** (V$^{te}$) . . . . . . | Souvenirs et impressions de voyage. |
| . . . . . . . . . . . . . | Choix de lettres édifiantes écrites des Missions étrangères, 8 vol. |
| **Fallet** . . . . . . . . . | Navigateurs et marins illustres. |
| **Merruau.** . . . . . . . | Voyages et aventures de Christophe Colomb. |
| **Washington-Irving** . | Voyages et aventures de Christophe Colomb. |
| **Lebrun.** . . . . . . . . | Voyages et aventures du capitaine Cook. |
| .. | Aventures et conquêtes de Fernand Cortez au Mexique. |
| **Valentin** . . . . . . . | Voyages de La Pérouse. |
| **Chevalier** . . . . . . . | Les voyageuses au XIX$^e$ siècle. |
| **Marmier.** . . . . . . . | Les nouveaux voyageurs, 3 vol. |
| **Drohojowska** (C$^{tesse}$) . | Perdus en mer. |
| **Eyriès** . . . . . . . . | Histoire des naufrages. |
| **Prévault.** . . . . . . | Les naufrages célèbres. |
| . . . . . . . . . . . | Naufrages célèbres. |
| **Schrader, Prudent et Anthoine** . . . . . . | Atlas de géographie moderne. |

# VII. — NOUVELLES

| | |
|---|---|
| **Bourdon** (M<sup>me</sup>) . . . . | Le mariage de Thècle. |
| — | Marthe Blondel. |
| — | Le matin et le soir. |
| — | Le ménage d'Henriette. |
| — | Nouvelles variées. |
| — | Onze nouvelles. |
| — | Orpheline. |
| — | Le pain quotidien. |
| — | Une parente pauvre. |
| — | Les premiers et les derniers. |
| — | Pulchérie. |
| — | Quelques heures de solitude. |
| — | Un rêve accompli. |
| — | Rivalité. |
| — | Ruth et Suzanne. |
| — | Seule dans Paris. |
| — | Les servantes de Dieu. |
| — | Si j'avais mille écus. |
| — | Les sœurs de charité en Orient. |
| — | Sous les lilas. |
| — | Souvenirs d'une famille du peuple. |
| — | Souvenirs d'une institutrice. |
| — | Tableaux d'intérieur. |
| — | Les trois sœurs. |
| — | Types féminins. |
| — | Le val St Jean. |
| — | Veillées du patronage. |
| — | La vie réelle. |
| **Bresciani** (P.) s. J. . . | Edmond. |
| — | Le Juif de Vérone, 2 vol. |
| — | Lionello. |
| — | Lorenzo, ou le conscrit. |
| — | La maison de glace. |
| — | Mathilde de Canosse. |
| — | La République romaine. |
| — | Ubaldo et Irène, 2 vol. |
| **Buet** (Ch.) . . . . . . . | Aubanon Cinq-liards. |

| | |
|---|---|
| **Conscience** (H.) . . . . | Aurélien, 2 vol. |
| — | Le conscrit. |
| — | Le démon de l'argent. |
| — | Le démon du jeu. |
| — | Le fléau du village. |
| — | Le gentilhomme pauvre. |
| — | La guerre des paysans. |
| — | Le jeune docteur. |
| — | Le pays de l'or. |
| — | Scènes de la vie flamande, 2 vol. |
| — | La tombe de fer. |
| **Cooper** . . . . . . . . | Le cratère. |
| — | Le dernier des Mohicans. |
| — | L'écumeur de mer. |
| — | A toutes voiles. |
| — | Le tueur de daims. |
| **Craon** (M^{me} de) . . . . | Thomas Morus, 2 vol. |
| **Craven** (M^{me} Aug.) . . | Adélaïde Capèce Minutolo. |
| — | Anne Séverin. |
| — | Fleurange, 2 vol. |
| — | Le mot de l'énigme. 2 vol. |
| — | Le travail d'une âme. |
| — | Le Valbriant. |
| **Cummins** (Miss) . . . | L'allumeur de réverbères. |
| — | Mabel Vaughan. |
| — | La rose du Liban. |
| **Delaunay** . . . . . . . | Le Trappiste de Staouëli. |
| — | Le retour. |
| **Deslys** (Ch.) . . . . . | Les récits de la grève. |
| — | Sœur Louise. |
| **Desnoyers** (L.) . . . . | Les aventures de Robert-Robert, 2 vol |
| **Devoille** . . . . . . . | Abelli. |
| — | Andréas, ou le prêtre soldat. |
| — | Les apostats et les martyrs. |
| — | L'astre du soir. |
| — | La bohémienne. |
| — | Le cercle de fer. |

| | |
|---|---|
| **Devoille** . . . . . . . . | La charrue et le comptoir. |
| — | Le château de Maiche. |
| — | La cloche de Louville. |
| — | Les croisés, 2 vol. |
| — | La croix du Sud. |
| — | La dame de Chatillon. |
| — | Les deux Lyonnais. |
| — | Les deux ombres. |
| — | Les échos de ma lyre. |
| — | L'enfant de la Providence. |
| — | L'étoile du matin. |
| — | L'exilée. |
| — | La fiancée de Besançon. |
| — | Le fruit de l'arbre. |
| — | Iréna ou la vierge lyonnaise. |
| — | Un intérieur, 2 vol. |
| — | Lucie de Poleymieux. |
| — | Mémoires d'un ancien serviteur. |
| — | Mémoires d'un curé de campagne. |
| — | Mémoires d'une mère de famille. |
| — | Mémoires d'un vieux paysan. |
| — | L'œil d'une mère. |
| — | Le parjure. |
| — | Le paysan soldat. |
| — | La prisonnière. |
| — | Les prisonniers de la Terreur. |
| — | Le proscrit. |
| — | Le rendez-vous de famille. |
| — | Le renégat. |
| — | Le rêve. |
| — | Le siège de Paris. |
| — | Le solitaire de l'île Barbe. |
| — | Les suites d'un caprice. |
| — | Le terroriste. |
| — | Le tour de France. |
| — | Vengeance. |
| **Dickens** . . . . . . . . . | Aventures de M. Pickwick, 2 vol. |

| | |
|---|---|
| **Dickens** . . . . . . . . | Bleak-House, 2 vol. |
| — | Contes de Noël. |
| — | David Copperfield. |
| — | Les grandes espérances, 2 vol. |
| — | Nicolas Nickleby, 2 vol. |
| — | Olivier Twist. |
| — | La petite Dorrit, 2 vol. |
| — | Les temps difficiles. |
| **Disraeli** . . . . . . . . | Sybil, 2 vol. |
| **Drault** (J.) . . . . . . | Le carnet d'un réserviste. |
| — | Chapuzot est de la classe. |
| — | Le soldat Chapuzot. ( Scènes de le vie de caserne. ) |
| **Drieude** . . . . . . . . | Edmour et Arthur. |
| — | Lorenzo, ou l'empire de la religion. |
| — | Rosario. |
| — | Les solitaires d'Isola-Doma. |
| **Droz** (J.) . . . . . . . | Tristesses et sourires. |
| **Ethampes** (Mlle G. d'). | L'aînée de la famille. |
| — | Bretons et Vendéens. |
| — | Bruyères bretonnes. |
| — | Le château de Coëtlec. |
| — | Le château de Coët-Val. |
| — | La châtelaine de Trélivier. |
| — | Les colombes de la Forlière. |
| — | Les deux Alix. |
| — | Emilienne. |
| — | L'épée du duc de Bretagne. |
| — | Even le Monadich. |
| — | Fleurs de Bretagne, 2 vol. |
| — | Germaine de Kerglas. |
| — | Une haine séculaire. |
| — | L'héritage du croisé. |
| — | L'héritière du colonel. |
| — | L'hermine de Kergaël. |
| — | Isabelle aux blanches mains. |
| — | Juliette le Bhénic. |

| | |
|---|---|
| **Féval** (Paul). . . . . . | La fée des grèves. |
| — | La fontaine aux perles. |
| — | Contes de Bretagne. |
| — | Frère Tranquille. |
| — | Une histoire de revenants. |
| — | L'homme de fer. |
| — | Le loup blanc. |
| — | La louve. |
| — | Le mendiant noir. |
| — | Les merveilles du Mont St-Michel. |
| — | Les parvenus. |
| — | Pas de divorce ! |
| — | Pierre Blot. |
| — | Le poisson d'or. |
| — | La première aventure de Corentin-Quimper. |
| — | Le prince Coriolani. |
| — | Le régiment des géants. |
| — | La reine des épées. |
| — | Rollan pied de fer. |
| — | Les romans enfantins |
| — | Valentine de Rohan. |
| — | Les veillées de famille. |
| **Ferry** (Gabriel) . . . . | Le coureur des bois, 2 vol. |
| **Fleuriot** (Z.). . . . . . | Aigle et colombe. |
| — | Alberte. |
| — | Alix, 2 vol. |
| — | Une année de la vie d'une femme. |
| — | Armelle Trahec. |
| — | Au Galadoc. |
| — | Les aventures d'un rural, 2 vol. |
| — | Bigarette. |
| — | Bonasse. |
| — | Ces bons Rosaëc. |
| — | Bouche en cœur. |
| — | Notre capitale Rome. |
| — | Une chaîne invisible. |

| | |
|---|---|
| **Guenot** (C.). . . . . . . | Philippa, souvenirs du règne de Charles VI. |
| — | Le prisonnier de la Bastille. |
| — | Les redresseurs de torts. |
| — | Réginald, ou le fils de la Juive. |
| — | Roger d'Entragues, ou les Français en Italie. |
| — | Le roi de la mer. |
| — | Sabianus. |
| — | Le sanctuaire d'Irmen-Sul. |
| — | Scander-Bey. |
| — | Sigismer, ou la marche des Francs. |
| — | Le soldat de la Croix. |
| — | Un souvenir de la Terreur. |
| — | Le transfuge. |
| — | La vengeance d'un Juif. |
| — | La villa d'Héristall. |
| — | Warderick ou le servage au VIIIe siècle. |
| — | Yves le mayeur. |
| **Guenot** (Henri) . . . . | Arabella. |
| — | Les Bohémiens au XVe siècle. |
| — | Les colons de Faviannes. |
| — | L'ermite du mont des Oliviers. |
| — | Félynis. |
| — | Le More de Grenade. |
| — | Le planteur de Java. |
| — | Walter Killanoë, scènes maritimes. |
| **Hahn-Hahn** (Clesse) . . | Les deux sœurs. |
| — | Doralice. |
| — | Eudoxia. |
| — | Pérégrin, 2 vol. |
| — | Quatre portraits. |
| **Julliot** (F. de). . . . . | Terre de France. |
| **Jubert** (A..) . . . . . . | En Israël. |
| **Karr** (Mlle Thérèse-Alphonse). . | Contre un proverbe. |
| — | Croquis irlandais. |
| — | La fille du cordier. |

| | |
|---|---|
| **Karr** (M<sup>lle</sup> Thérèse-Alphonse) . | Mabel Stanhope. |
| — | Les noms effacés. |
| — | Pas encore. |
| — | Le peintre à la violette. |
| — | Une rose blanche. |
| — | La symphonie du travail. |
| **Kerloïs** (L. de). . . . . | L'hermine de Coëtmor. |
| **Lafond** (Edm.) . . . . | Un médecin sous la Terreur. |
| **Lamothe** (A. de). . . . | L'auberge de la mort. |
| — | Aventures d'un Alsacien, prisonnier en Allemagne. |
| — | Les Camisards, 3 vol. |
| — | Le cap aux ours. |
| — | Les compagnons du désespoir, 3 vol. |
| — | Les deux Rome. |
| — | Espérit Cabassu. |
| — | Les faucheurs de la mort, 2 vol. |
| — | La fiancée du vautour blanc. |
| — | La fille du bandit. |
| — | La fille du baron des Adrets. |
| — | Les fils du martyr. |
| — | Fleur des eaux. |
| — | Flora chez les nains. |
| — | Fœdora la nihiliste. |
| — | Le fou du Vésuve. |
| — | Gabrielle. |
| — | Le gaillard d'arrière de la Galathée. |
| — | Histoire d'un denier d'or. |
| — | Histoire d'une pipe, 2 vol. |
| — | Jack Famine et Betzy Million. |
| — | Journal de l'orpheline de Jaumont. |
| — | Légendes de tous pays. |
| — | Marpha, 2 vol. |
| — | Les martyrs de la Sibérie, 4 vol. |
| — | Mémoires d'un déporté à la Guyane française. |

| | |
|---|---|
| **Lavergne** (Mme J.) . . | Contes français. |
| — | Les étincelles. |
| — | Fleurs de France. |
| — | Les jours de cristal. |
| — | Légendes de Fontainebleau. |
| — | Légendes de Trianon, Versailles et St Germain. |
| — | Légendes et chroniques de Montbriant. |
| — | Les neiges d'antan, 2 vol. |
| — | Récits normands. |
| — | Le savant à l'école. |
| **Livonnière** (M. de) . . | La chambre des ombres. |
| — | Deux frères. |
| — | La dynastie des Fouchards. |
| — | Otto Gartner. |
| — | Petits et grands. |
| **Locmaria** (Cte de). . . | La chapelle Bertrand. |
| — | Les guérillas, 2 vol. |
| **Loiseau** (J.) . . . . . . | Les balances du bon Dieu. |
| — | Bas les masques ! |
| — | Le bâton perdu. |
| — | Les bons apôtres. |
| — | Flora. |
| — | Lettres d'un vieux laboureur. |
| — | Mémoires d'un propre à rien, 2 vol. |
| — | Pas méchant, 2 vol. |
| — | Rose Jourdain, 2 vol. |
| — | Trop belle, 2 vol. |
| **Maistre** (Xavier de). . | Prascovie, ou la jeune Sibérienne |
| **Mallet de Beaulieu** (Mme) . . . . . . . . | Le Robinson de douze ans. |
| **Marcel** (Et.). . . . . . | Une amitié d'enfance. |
| — | Armelle. |
| — | Avec ou sans dot. |
| — | Les aventures d'André. |

**Marcel** (Et.) . . . . . .    La ballade du lac.
—                        Un monsieur ou la campagne  et
                                 la ville.
—                        Le chef-d'œuvre d'un condamné.
—                        Le chemin du bonheur.
—                        Un chercheur d'or.
—                        Comment viennent les rides.
—                        Un drame en province.
—                        Foi et patrie.
—                        La future du baron Jean.
—                        Grand'mère.
—                        L'héritage de M^me Hervette.
—                        L'héritière.
—                        L'hetman Maxime
—                        Iermola.
—                        Irène.
—                        Un isolé.
—                        Jeanne d'Aurelles.
—                        Les jours sanglants.
—                        Juliette.
—                        Laquelle ?
—                        Un monarque au violon.
—                        Le nid d'hirondelles.
—                        Un noble cœur.
—                        Petite sœur.
—                        Pile ou face.
—                        Le point d'honneur.
—                        Pour une rose.
—                        Récits et souvenirs.
—                        Renée.
—                        Le roman d'un crime.
—                        Le saint de neige.
—                        Les sapins de dame Barbe.
—                        Souvenirs d'une jeune fille.
—                        Triomphes de femmes.
—                        Les trois vœux.
—                        Les tuteurs d'Odette.

| | |
|---|---|
| **Margerie** (Eug. de). . | Contes d'un promeneur. |
| — | Contes et nouvelles. |
| — | Emilien. |
| — | Frère Arsène et la Terreur. |
| — | Légendes contemporaines. |
| — | Moines et brigands. |
| — | Nouvelles histoires. |
| — | Nouvelles scènes de la vie chrétienne. |
| — | La rue des Poivriers. |
| — | Les six chevaux du corbillard. |
| **Marlitt** . . . . . . . . | Elisabeth aux cheveux d'or, 2 vol. |
| — | Gisèle, comtesse de l'Empire, 2 vol. |
| — | Le secret de la vieille demoiselle, 2 vol. |
| **Marmier** (X.). . . . . | A la maison. |
| — | L'avare et son trésor. |
| — | En chemin de fer. |
| — | Contes d'Andersen. |
| — | Les drames intimes. |
| — | Les fiancés du Spitzberg. |
| — | Histoire d'un pauvre musicien. |
| — | Les mémoires d'un orphelin. |
| — | Les voyages de Nils à la recherche de l'idéal. |
| **Martignat** (M<sup>lle</sup> de) . . | L'héritière de Maurivèze. |
| — | Le manoir d'Yolan. |
| — | La petite fille du vieux Thémi. |
| — | Une petite nièce d'Amérique. |
| — | La pupille du général. |
| — | Les vacances d'Elisabeth. |
| **Mary** . . . . . . . . . . | Julie de Noiron. |
| **Maryan** (M<sup>me</sup>) . . . . . | Anne de Valmoët. |
| — | Annie. |
| — | Ce que ne peut l'argent. |
| — | Les chemins de la vie. |
| — | Chez les autres. |

| | |
|---|---|
| **Navery** (R. de). . . . | Jeanne-Marie. |
| — | Le Juif Ephraïm. |
| — | Landry. |
| — | Lory. |
| — | Madame de Robur. |
| — | Madeleine Miller. |
| — | Le magistrat. |
| — | La main malheureuse. |
| — | La main qui se cache. |
| — | La maison du sabbat. |
| — | Le martyre d'un père. |
| — | Les mirages d'or. |
| — | Monique la Savoisienne. |
| — | Le moulin des trépassés. |
| — | Le naufrage de Lianor. |
| — | Les naufrageurs. |
| — | Nouvelles de charité. |
| — | Odyssée d'Antoine. |
| — | Parasol et Cie. |
| — | Les parias de Paris, 2 vol. |
| — | Patira. |
| — | La Péruvienne. |
| — | Les petits. |
| — | Le marquis de Pontcallec. |
| — | Le procès de la Reine. |
| — | Le rameur de galères. |
| — | Les Robinsons de Paris |
| — | La route de l'abîme. |
| — | Le serment du corsaire. |
| — | Souvenirs du pensionnat. |
| — | Le témoin du meurtre. |
| — | Tonie, suivi de Tomine et Noga. |
| — | Le trésor de l'abbaye. |
| — | Tristan. |
| — | Le Val-Perdu. |
| — | Les vautours du Bosphore. |
| — | La veuve du garde. |

| | |
|---|---|
| **Thomin** (L.) . . . . . . | Le carnet sanglant. |
| — | Les drames de l'Irlande. |
| — | Le fantôme de l'abbaye. |
| — | La route de la Sibérie. |
| — | Les tigres de la Néva. |
| **Tissot** (Marcel) . . . . | Le capitaine philosophe. |
| — | Le manoir et le monastère. |
| — | Montmahoux et Passavant. |
| — | La veuve d'Attila. |
| **Tissot** (Victor). . . . . | Aventures de trois fugitifs. |
| **Ulliac - Trémadeure** | |
| (M$^{\text{lle}}$). . . . . . . . | Claude, ou le gagne-petit. |
| — | Emilie, ou la jeune fille auteur. |
| — | Etienne et Valentin. |
| — | La pierre de touche. |
| — | Souvenirs d'une vieille. |
| **Vallon** (G. du). . . . . | Autour d'une héritière. |
| — | Chez les Magyars. |
| — | Le fiancé de Solange. |
| — | Libre-penseuse. |
| — | Natalie Koumiarof. |
| — | La roche d'enfer. |
| **Vattier** . . . . . . . . . | Vingt millions de rente. |
| **Verley** (A.). . . . . . . | Les chambres de Fernande. |
| **Verne** (J.) . . . . . . . | Les Anglais au pôle nord. |
| — | L'archipel en feu. |
| — | Autour de la lune. |
| — | Aventures de trois Russes et de trois Anglais. |
| — | Un billet de loterie. |
| — | Un capitaine de quinze ans. 2 vol. |
| — | Le Chancellor. |
| — | Le château des Carpathes. |
| — | Cinq semaines en ballon. |
| — | Le désert de glace. |
| — | Le docteur Ox. |
| — | L'école des Robinsons. |

| | |
|---|---|
| **Verne** (J.) . . . . . . . | Les enfants du capitaine Grant, 3 vol. |
| — | L'épave du Cynthia. |
| — | L'étoile du Sud. |
| — | Grands voyages et grands voyageurs. 2 vol. |
| — | Hector Servadac. 2 vol. |
| — | L'île mystérieuse. 3 vol. |
| — | Les Indes noires. |
| — | La Jangada. 2 vol. |
| — | Kéraban le têtu. 2 vol. |
| — | La maison à vapeur. 2 vol. |
| — | Mathias Sandorf. 3 vol. |
| — | Michel Strogoff. 2 vol. |
| — | Les navigateurs du XVIII$^e$ siècle. 2 vol. |
| — | Nord contre Sud. 2 vol. |
| — | Le pays des fourrures. 2 vol. |
| — | Le rayon vert. |
| — | De la terre à la lune. |
| — | Le tour du monde en 80 jours. |
| — | Une ville flottante. |
| — | Vingt mille lieues sous les mers. 2 vol. |
| — | Voyage au centre de la terre. |
| **Veuillot** (Eug.) . . . . | Récits variés. |
| **Veuillot** (Louis). . . . | Agnès de Lauvens. 2 vol. |
| — | Corbin et d'Aubecourt. |
| — | L'esclave Vindex. |
| **Vyss** . . . . . . . . . . | Le Robinson suisse, 2 vol. |
| **Walter-Scott** . . . . . | L'abbé. |
| — | L'antiquaire. |
| — | Charles-le-Téméraire. |
| — | Guy Mannering. |
| — | Le monastère. |
| — | Le pirate. |
| — | Quentin Durward. |
| — | Rob-Roy. |

# VIII. — REVUES

## 1. — EN COLLECTION.

Le Correspondant, depuis 1869.
Le Contemporain.
Le journal des enfants.
Semaine des familles de 1860 à 1883.
Semaine des enfants.
Magasin pittoresque.
Missions catholiques.
Messager de la semaine.
Musée des familles.
La France illustrée.
Gazette du Dimanche.

## 2. — EN COURS D'ABONNEMENT.

Etudes religieuses, philosophiques, historiques et littéraires.
Le Correspondant.
Annales catholiques.
Bulletin salésien.
L'Ouvrier.
Veillées des chaumières.

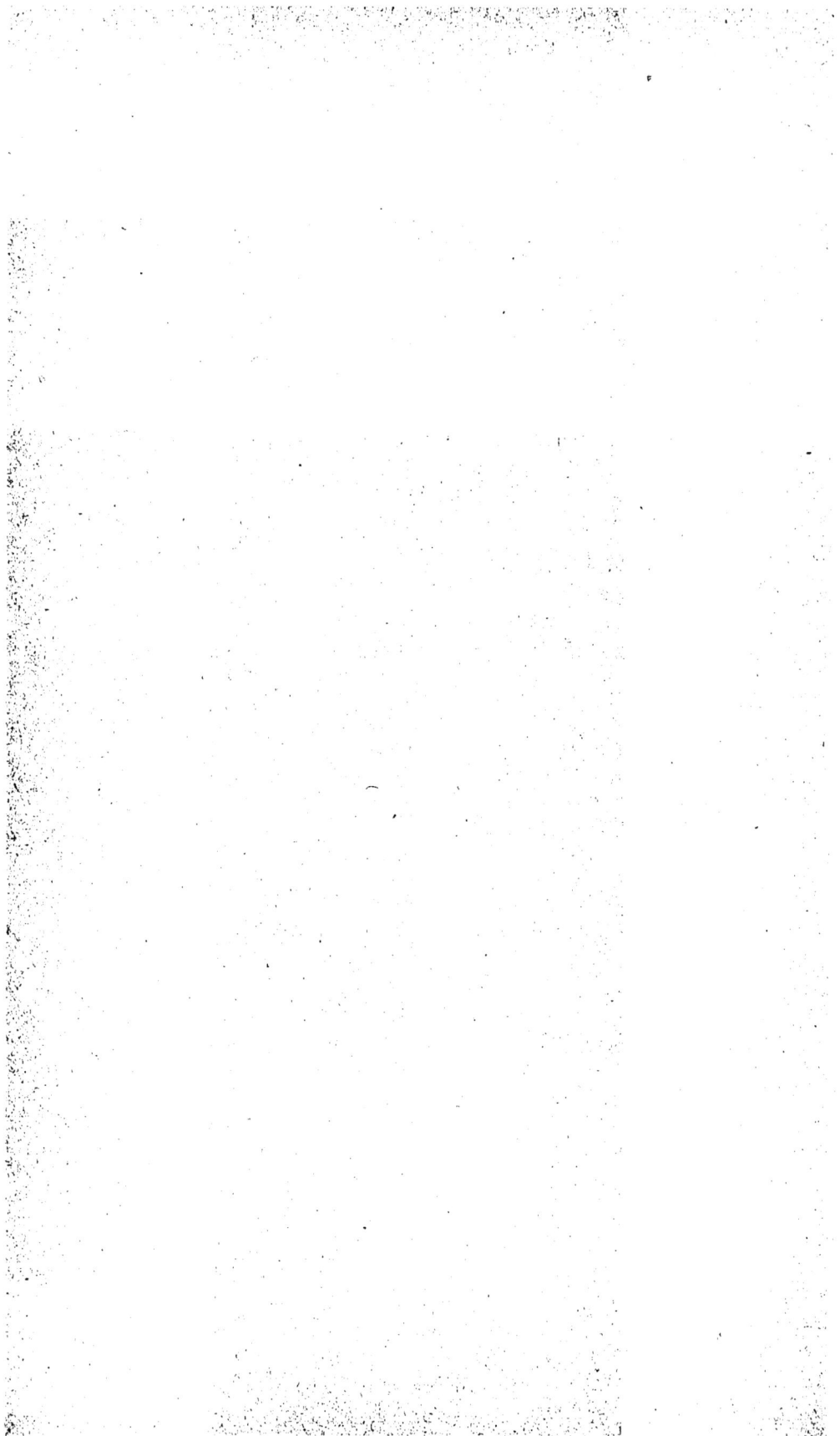

# CATALOGUE MÉTHODIQUE

---

## V. — BIOGRAPHIE

## VI. — GÉOGRAPHIE

## VII. — NOUVELLES

## VIII. — REVUES

# LISTE ALPHABÉTIQUE

## DES AUTEURS

Larrrey (B<sup>on</sup>), 78.
Lasserre, 16, 68.
Lasteyrie, 69.
Laubespin (M<sup>ise</sup>), 90.
Launay (abbé), 88.
Lauras (P.), S. J. 59.
Laurent, 77,
Laurentie, 37.
Lavallée (Théophile), 77.
Lavergne (Mme J.), 110, 111.
Leboucq (Dom), 60.
Lebrun, 91.
Le Camus (C<sup>te</sup>), 81.
Leclerc (M<sup>lle</sup>), 69.
Leclercq, 82, 87.
Le Courtier (Mgr), 14.
Ledoux (P.), S. J. 53.
Lefebvre (P.), S. J. 4, 16, 19,22.
Lefèvre, 90.
Legouvé (F.), 29.
Lehen, (P. de), S. J., 19.
Lémann (abbés Aug. et Jos.) 2, 3, 42.
Lemercier, 41.
Lemire, 89.
Lemire (abbé), 62.
Lenoir, 86.
Lenormant, 42.
Lenormant (Mme), 70, 85, 91.
Lenthéric, 29, 82.
Lescure (de), 44, 46, 67, 73, 74, 77, 78.
Lescœur (P.) de l'Orat., 5, 24, 41, 69.
Lesêtre, (abbé), 2.
Letierce (P.) S. J. 14, 16, 20.
Leurin (P.), S. J. 14.
Levé (P.), S. J. 69.
Lhomond, 8.
Liberatore (P.) S. J. 24.
Limbourg (P.), 33.
Lirac, 35.
Livingstone, 87.
Livonnière (M. de 111.
Locmaria (C<sup>te</sup> de), 37, 78, 111.

Loiseau (J.), 111.
Longhaye (P.), S. J. 29, 63.
Loth (Arthur), 65.
Loudun, 84.
Louis (S<sup>t</sup>) de Gonzague, 10.
Louvet, 88.
Luce (Siméon), 37, 71.
Lucotte (abbé), 37.
Lyden (de), 35.
Lyonnard (P.), S. J, 22.
Lyonnet (Mgr), 59.

**M**

Macé, 26.
Mac Cabe, 69.
Mac Cabe (William), 75.
Macquet, 90.
Madaune (de), 6.
Madrid (P. de) O. S., 55.
Maynard (abbé), 54.
Mahon, 6.
Mailhard de la Couture, 72.
Maillard (abbé), 40, 79.
Maistre (Joseph de), 6, 24, 41, 80.
Maistre (Xavier de), 111.
Mallet de Beaulieu (Mme), 111.
Mallock, 24.
Malouet (B<sup>on</sup>), 44.
Malte-Brun, 82.
Mandat-Grancey (B<sup>on</sup> de), 33, 87, 90.
Mangeret, 89.
Maugeret, (M<sup>lle</sup>), 26.
Manning (C<sup>al</sup>), 15.
Marbeau, 41.
Marbot (G<sup>al</sup> baron de), 46.
Marc abbé), 8.
Marcellus (de), 29 et 86.
Marchangy (de), 37.
Marche, 87.
Maréchal (M<sup>lle</sup> M.), 113.
Markham, 41.
Margerie (Eugène de), 113, 114.

10

# DIJON

## IMPRIMERIE DE L'UNION TYPOGRAPHIQUE

40, rue Saint-Philibert, 40

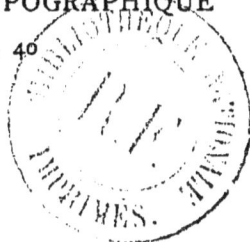

www.ingramcontent.com/pod-product-compliance
Lightning Source LLC
Chambersburg PA
CBHW050021100426

42739CB00011B/2732